이재명의 외교·안보를 읽는다

안정과 번영을 위한 정책 길라잡이 1

이재명의 외교·안보를 읽는다

엮은이 정한범
펴낸이 최병식
펴낸날 2025년 4월 14일
펴낸곳 주류성출판사
서울특별시 서초구 강남대로 435
TEL | 02-3481-1024 (대표전화) • FAX | 02-3482-0656
www.juluesung.co.kr | juluesung@daum.net

값 20,000원
잘못된 책은 교환해 드립니다.
ISBN 978-89-6246-554-9 03340

안정과 번영을 위한

정책 길라잡이 1

이재명의 외교·안보를 읽는다

정한범 외

발간사

　바야흐로 난세다. 거시적 차원에서 인류의 역사가 진보한다는 믿음은 지금도 변함이 없다. 그러나 역사는 가끔 인류를 배반하기도 한다. 다시는 돌아가지 않을 것 같았던 진영 간의 대립과 이념 갈등의 시대가 마치 꿈에서 깨어난 것처럼 현실이 되어있다. 이제는 돌이킬 수 없는 사상적 대립에서 승리한 자본주의가 그 극단으로 치달아 신자유주의적 세계화를 일상처럼 만드는가 싶더니 어느덧 다시 국가들 간에 장벽이 세워지고 있다. 더욱 난감한 것은 이러한 세계사의 거대한 흐름을 이끌었던 신자유주의 패권국 미국이 이 모든 역류의 주동자라는 것이다.

　트럼프의 시대에 현실주의적인 국가이익의 추구는 국제정치의 기본이 되었다. 어쩌면 트럼프 시대의 국제적 현실주의 노선은 과거 냉전시대보다 더 냉혹할지도 모른다. 냉전시대에는 국가들이 상대적 이익의 관점에서 외교안보를 바라보기는 했지만, 현실주의 이론으로 설명이 부족한 이념적 진영 구도가 있었다. 최소한 같은 이념을 공유하는 국가들 사이에서는 상대적 이익의 균열을 넘어서는 형이상학적 숭고한 무엇인가가 존재했다. 그러나 현재의 현실주의적 대립은 그야말로 진영과 동맹의 틀조차도 무시되는 홉스의 '만인의 만인에 대한 투쟁'과 같은 것이 되어버렸다. 미국이 전통적 동맹인 나토를 배신하고 러시아와 협력의 관계를 맺는 한편, 이면에서 두 강대국이 약소국들의 자원을 공유하기로 합의하는 식민지개척 시대의 무자비한 모습조차 보이고 있다.

한반도 주변으로 시선을 돌려보아도 혼란스럽기는 매한가지나. 불과 몇 해 전까지만 해도 원수처럼 으르렁거리던 일본은 어느새 우리 국민이 가장 선호하는 관광국이 될 만큼 우호적인 관계로 변해 있다. 반면에, 지난 수십 년간 신자유주의적 상호 호혜의 경제발전의 최대 파트너였던 중국과는 이제 수교 이후 최악의 관계로 추락하고 말았다. 외부에서는 미국이 중국을 국제 자유주의를 해치는 세력으로 지목하고 이를 견제하는 데에 우리의 참여를 독려하고 있고, 국내에서는 일부 극우세력이 사회분열을 위한 괴담의 소재로 중국을 지목하고 있다. 한때, 우리 외교에 가장 우호적이었던 러시아와도 우크라이나 전쟁을 계기로 반목하고 있다. 종전선언을 논하던 북한은 이제 적대적 2국가론으로 우리를 아예 동포로도 여기지 않겠다고 선언했다.

어쩌면 무엇보다 당황스러운 것은 혈맹 미국의 변심이다. 미국은 자신들이 한국의 안보를 책임지는 현실이 매우 부당하다고 불만을 제기하며 한국을 압박하고 있다. 북한과는 우호적인 핵협상에 임할 수도 있다는 시그널이 나오고 있다. 이런 상황이 전개된다면 한반도는 이전과는 완전히 다른 안보환경에 놓이게 될 것이다. 그러나 이에 대처해야 할 국내의 정치적 상황은 국제적 환경보다 덜하지 않은 것이 현실이다.

45년 전 낡은 비디오에서나 볼 법한 반헌법적이고 반국가적인 친위쿠데타로 한국사회는 아수라장이 되고 말았다. 소위 한 국가의 최고지도자가 무속과 관련된 의혹에 휩싸이고 SNS 가짜뉴스에 심취해 헌법과 국민을 지키는 데에 써야 할 국가의 무력을 국민과 국회를 짓밟는 데에 동원한 것은 선진국 대한민국의 국민임을 자부하던 시민들에게 한없는 자괴감을 안겨주었다. 변화하는 국제정세에 대처해서 국민과 국익을 지켜내야 할 정치권력이 그 자원을 엉뚱한 곳에 쓰고 있는 것이다.

이제 대한민국의 운명을 결정해야 하는 시간이 다시 오고 있다. 지도자 한 사람이 국가와 국민, 그리고 세계질서에 얼마나 큰 영향을 미치게되는지 우리는 지금 똑똑히 목도하고 있다. 미국사회도 한국사회도 심각한 내부 분열을 겪고 있다. 국가들 간에도, 특히 동맹국 간에도 국가이익을 놓고 양보 없는 갈등이 빚어지고 있다. 한 나라의 정책과 전략은 그 최고지도자의 신념과 밀접한 관련이 있다. 위기를 극복할 수 있는 지도자가 나와야 국가가 생존하고 국민이 편안한 삶을 살 수 있다.

난세는 어렵지만 영웅은 난세에나 나올 수 있다. 난세를 타고 나는 것도 운이다. 굴곡이 져야 영웅의 인생이고 서사가 이루어진다. 아무리 뛰어난 인재도 평시에는 영웅이 될 수 없다. 삼국지의 조조와 유비, 제갈량을 비롯한 수많은 영웅의 출현도 난세였기에 가능했다. 트럼프의 등장과강대국의 전략경쟁만으로도 벅찬데, 한국은 친위쿠데타에 의한 내란과내부 분열로 설상가상이다. 그러나 역사는 결국 진보한다. 역사는 해피엔딩이다. 난세의 역사를 주도하는 자, 그 자가 영웅이다. 그 영웅을 찾는여정의 한 켠에서 이 글을 쓴다.

이 책은 한국의 민주주의와 민주공화정에 대한 신념을 가진 젊은 학자들이 선진국 대한민국의 길을 위해 필요한 외교안보의 다양한 이슈들에 대해서 일반인들이 읽기 쉽게 쓴 대중서이다. 세계정세의 변화와 한국의 외교안보 현실에 대한 관심이 있는 비전문가들이 읽을 수 있는 내용을 문답식으로 쉽게 풀어서 쓴 것이다. 아울러, 한국의 정치지도자 이재명의 외교안보정책을 엿볼 수 있도록 이재명의 생각을 학자늘의 시선에서 해석한 책이다. 아무쪼록 정치지도자의 생각을 잘 이해할 수 있는 자료가 되기를 염원하며, 앞으로 다른 정치지도자들의 생각도 논의할 수 있는 장이 열리기를 기대한다.

2025년 4월 냉혹한 국제질서 속에서
따뜻한 햇살이 내리 쬐는 어느 봄날

저자들을 대표하여 정한범

추천사

출간을 축하드립니다.

대한민국은 지금 국내외적으로 큰 도전에 직면하고 있습니다.

희망으로 맞이했던 대한민국의 21세기가 시련에 봉착했습니다. 점점 힘을 잃어가는 경제, 멎어버린 인구성장, 커져가는 경제적 양극화의 어두움이 드리워진 상황에서 난데 없이 12.3계엄이 터졌습니다. 이로 인한 정치사회적 혼란과 후유증은 지금도 계속되고 있습니다. 외교분야도 더 어려워졌습니다. 국민을 책임져야 할 권력은 교조적 가치외교와 지나친 진영외교, 비현실적 허세외교에 몰두하다가 군대가 국회에 난입하는 모습을 전 세계에 보여줌으로써 한국 외교의 위상을 나락으로 떨어트렸습니다.

급변하는 국제정치도 한국의 외교를 더욱 어렵게 만들고 있습니다. 그동안 미국 외교정책의 근간이었던 동맹중시의 전통적 자유주의 질서는 트럼프 행정부의 출범과 함께 어려움에 직면하고 있습니다. 미국은 지난 2월 우크라이나 전쟁 3주년에 즈음한 유엔에서의 결의안 채택과정에서 서방진영이 아니라 러시아 편에 섰습니다. 이것은 제2차 세계대전 이후 미국이 구축해 온 국제질서를 마감하는 고별사로 들렸습니다. 미국은 이제 동맹보다 자국의 단기적 국익추구를 최우선으로 하고 있습니다. 미·

중간의 갈등도 예상보다 더 심화될 것으로 보입니다.

한반도는 강대국의 세력이 교차하면서 지정학적 단층선이 나타나는 곳입니다. 국제정세가 이렇게 요동을 치면 그 단층의 골은 더 깊어질 것입니다. 핵과 미사일로 무장한 북한도 우리의 불안을 더욱 가중시킵니다. 미중갈등이 경제 분야로 확대, 심화되면 한국은 안보뿐만 아니라 경제적으로도 더 취약해질 것입니다. 대한민국이 세계 10위 정도의 GDP를 자랑한다고 하지만 국가취약지수(National Vulnerability Index)라는 것을 만들어 본다면 분명 세계 5위권 안에 들 것입니다.

그러나 저는 우리의 미래에 희망을 겁니다. 우리 국민들은 상황이 어려울수록 더 슬기롭게 어려움을 잘 극복해 온 역사를 가지고 있습니다. 다음 정부의 대외정책은 이 책에서 제시하고 있듯이 견고한 한미동맹을 바탕으로 우리의 국익을 확보하고 평화를 정착시켜 나가는 것입니다. 무엇보다도 실용외교가 대한민국의 외교를 이끄는 철학이 될 것입니다. 이러한 국정철학을 기반으로 면밀한 계획과 유연한 전략을 짜고 현실에 기반한 외교정책을 추진해야 할 것입니다.

이번에 출간되는 이 책은 대한민국 외교에 대한 지도자의 철학을 제시하고 있으며, 이 철학을 바탕으로 외교전문가들이 정교한 정책을 만들어가는 플랫폼이 될 것으로 믿습니다. 이 책이 대한민국의 발전적 외교정책을 수립하는 데에 큰 기여를 할 수 있기를 바랍니다.

전 주유엔대표부 대사 조현

| 목차 |

비전과 전략

1 한국의 외교·안보

2 한반도 정세

3 한반도와 미국

5 **한반도와 일본**

6 한반도와 러시아

7 한반도와 인도-태평양, 유럽, 경제 안보, 재외동포

비전과 전략

국가란 무엇인가?

국가가 무엇인지를 알기 위해서는 ▲ 국가를 구성하는 것이 무엇인가, ▲ 국가는 어떤 역할을 하는가, ▲ 국가의 정당성은 어디에서 오는가를 살펴볼 필요가 있다. 국가는 영토, 국민, 정부로 구성되어 있다. 국가가 되기 위해서는 물리적으로 존재하는 명확한 영토 내에 다수의 사람들이 살고 있어야 하며 통치를 행사하는 정부가 존재해야 한다. 이 중 하나라도 부재할 경우 국가라 말할 수 없다. 여기에 더해 또 하나 중요한 요소가 국제적인 승인이다. 국가가 고립된 채 존재하지 않고 다른 국가들과 다양한 상호작용이 이루어지는 오늘날 국제 사회 속에서 국가는 다른 국가들에 의해 국가로서 인정받아야 한다. 국가로 인정받는 방식은 UN과 같은 국제기구 가입과 다른 국가와의 공식적인 외교관계의 형성을 통해 이루어질 수 있다.

'국가는 무엇으로 구성되는가'만으로 국가를 이해하는 데는 한계가 있다. '국가는 무엇을 하는가'라는 국가 역할은 국가를 이해하기 위해 필수적인 문제이다. 국가는 영토 안에 살고 있는 사람들에게 필요한 것들을 제공해야 한다. 국방, 치안, 법집행, 경제활동을 위한 환경, 사회복지 등은 국가가 제공해야 할 필수적인 것들이다. 만약 국가가 이러한 역할을 제대로 수행하지 못한다면 국가는 '실패한 국가'로서 있으나 마나 한 존재가 된다. 국민으로부터 세금만 걷으면서 아무것도 하지 않는 국가는 보호를 명목으로 돈을 갈취하는 조직 폭력배와 다를 바 없다.

국가가 국민이 필요로 하는 핵심적인 것들을 제공한다고 해서 국가가 정상적으로 존재하는 것은 아니다. 국가는 국가로서의 역할을 수행하기 위한 정당성을 지녀야 한다. 국가가 없다면 다양한 범죄와 고난에 노출될 수 있기에 사람들은 국가에게 국민을 행복하게 해 줄 수 있는 역할을 부여한다. 국가는 다른 어떤 집단도 갖고 있지 못한 물리적 폭력 수단을 합법적으로 독점하고 있다. 국가 이외에 다른 어떤 개인이나 집단에 의해 행사되는 폭력은 불법적인 것으로 국가에 의해 처벌받는다. 문제는 국가가 자신이 지닌 폭력 수단과 권력을 이것을 위임한 국민을 대상으로 사용할 수 있다는 점이다. 국민은 국가가 제공하는 보호를 필요로 하지만, 국가가 행사하는 부당한 폭력으로부터도 보호받아야 한다.

민주주의가 중요한 것은 국가에게 권한의 정당성을 부여할 뿐만 아니라 국가에 의한 권력의 남용을 견제할 수 있기 때문이다. 공정하게 진행되는 주기적인 선거, 삼권 분립에 의한 권력 견제 등은 국가가 정당성을 지니면서 권력을 남용하지 않도록 만드는 중요한 제도적 장치이다. 국민의 목소리에 귀를 기울이고 국민의 권리를 보호하고 존중하는 국가야말로 진정한 국가라 할 수 있다.

- 최경준

국가와 정치권력의 본질

국가의 개념은 상대적이다. 국제적 관점에서 국가는 영토, 주권, 국민으로 이루어진 단일하고 통합된 정치체제를 의미한다. 주권자인 국민의 관점에서 보면 국가란 정부 또는 정치권력으로 해석된다. 정치를 소비하는 국민의 관점에서 정부 또는 정치권력의 정통성은 국가의 본질과 관련된다.

정치권력의 정통성은 그것이 어디에서 나왔고 누구를 위해서 종사하는가와 관련이 있다. 흔히 정치권력이라고 하면 봉건시대의 군주나 현대의 독재자들을 떠올리기 쉽다. 그들이 권력을 행사한다고 해서 권력이 그들로부터 유래한 것은 아니다. 권력은 국민의 기본권으로부터 유래한 것이다.

태초에 인간이 처음 존재하던 시절로 돌아가 보자. 모든 인간은 다른 누구로부터 그 어떤 제약도 받지 않은 순도 100%의 자유를 누리고 살았다. 이것을 불가침의 천부인권 또는 기본권이라고 한다. 모든 인간은 이러한 천부인권의 기본권을 가지고 태어났다. 그런데 이런 완전한 자유는 유지되기 어려운 문제가 있었다. 어느 한 사람의 '완전한 자유'는 필연적으로 다른 사람의 자유를 침해했다. 예를 들어, 게으른 누군가가 사냥하는 수고로움을 피하려고 다른 사람의 사냥감을 빼앗을 자유를 행사하게 되면 그 상대방의 자유가 침해되는 방식이다. 이렇게 게으르고 힘이 센

누군가는 약탈하는 수고로움조차 회피하기 위해서 폭력조직을 만들게 되고 조직의 힘으로 약탈을 구조화하게 된다. 이러한 조직들이 경쟁하게 되면 그중 가장 힘이 센 조직이 대중에게 거래를 시도한다. 자신의 조직에게 정기적으로 상납하면 다른 조직으로부터 보호해주는 식이다. 이렇게 해서 태초의 인간은 하늘로부터 받은 불가침의 기본권 중 일부를 타인에게 양도하는 치명적인 우를 범하게 되었다.

이러한 태초의 기본권 양도가 제도화되고 구조화되어 정치권력이 탄생하게 되었고, 가장 힘센 폭력조직이 국가로 발전하게 되었다. 즉, 우리가 경험하고 있는 국가와 정치권력은 본래 바로 주권자인 국민의 기본권 중 일부가 양도되어 만들어진 국민의 것이라는 의미이다. 당시 조상들의 결정은 현재 우리에게도 그대로 유효하다. 이러한 사상을 우리는 '사회계약설'이라고 부른다.

'사회계약설'에도 다양한 버전이 있다. 토마스 홉스는 한번 국가에 양도한 권리는 다시 돌려받을 수 없다고 주장한 반면, 존 로크는 국가가 국민을 배반하는 경우에 국민은 그 권력을 돌려받을 수 있다고 하는 '저항권'의 정신을 강조했다. 현대 민주주의는 바로 이러한 로크의 사상을 기반으로 만들어진 것이다. 따라서 현대 민주주의국가에서 정치권력은 국민으로부터 나온 것이며, 국가는 국민을 위해서 봉사해야만 한다. 국가가 국민을 배신하거나 국민을 위해서 봉사하지 않으면 국민은 그 권력을 회수할 권리를 가지고 있는 것이다.

- 정한범

이재명에게 국가와 국민이란 어떤 의미인가?

이재명의 국가론은 '무엇으로 구성되는가' 보다는 '무엇을 하는가'에 집중되어 있다. 국가는 국민의 생존을 위해서 민주적 정치질서, 국방, 치안, 경제적 풍요, 환경, 사회복지 등의 필수 기능을 제공해야 한다. 이러한 필수 기능들을 우리는 인간안보라는 개념으로 포괄할 수 있다. 인간안보란 천부인권을 가지고 태어난 인간이 인간답게 생존하는 데에 필수적인 조건들이 안정적으로 제공되는 것을 의미한다. 성공적인 국가는 바로 이러한 인간으로서의 최소한의 존엄이 지켜질 수 있는 기본적인 조건들을 제공할 수 있는 국가이다.

국가는 모든 국민에게 존재하지만, 그 국가가 항상 모든 국민에게 힘이 되어주지는 않는다. 때로 국가는 국민에게 짐이 되기도 하고 실망과 두려움의 대상이 되기도 한다. 많은 경우 국가는 일부 특정 부류의 이익만을 대변함으로써 국가가 필요한 대다수 국민을 소외시키기도 한다. 과도하고 폭력적인 권력으로 국민을 지배하거나 국가안보를 국내 권력 유지를 위한 수단으로 남용하기도 한다. 그래서 성공적인 국가가 일반적이지는 않다.

이재명이 추구하는 국가관은 바로 이러한 '국민이 하늘로부터 부여받은 안전하고 행복하게 지낼 수 있는 권리'를 누릴 수 있는 기본적인 최소한의 조건을 제공할 수 있는 국가이다. 이재명의 인간에 대한 기본 철학이 반영된 것이 바로 '기본사회'의 개념이다. 우리가 살아가기 위해서 물과 햇빛, 공기와 같은 자연적 조건이 필요한 것처럼, 인간다운 삶을 살기 위해서는 민주주의와 강력한 국가안보, 안심하고 다닐 수 있는 치안, 쾌적한 환경, 기본적 소비력과 같은 정치·사회·경제적 조건이 충족되어야 한다는 것이다.

그런데 이러한 정치·사회·경제적 조건들은 자연적 조건들처럼 누구에게나 공평하게 주어지는 것이 아닌, 경쟁을 통해서 제공되거나 많은 자원이 투입되어야만 제공될 수 있는 제한된 재화이다. 따라서 국가는 이러한 자원이 공정하고 효율적으로 제공되도록 적절한 기능을 수행해야만 한다. 그렇지 않으면 안보의 불안, 민주주의 헌정질서의 위기, 경제적 침체, 환경오염, 빈곤과 경제적 불평등과 같은 인간안보의 위기를 겪게 되는 것이다.

이재명이 추구하는 국가는 모든 국민이 최소한의 인간적 삶을 영위하는 데 필요한 공적 자원을 제공하고, 국민 모두의 능력이 충분히 발휘될 수 있는 여건을 제공하는 공정하고 헌신하는 국가이다.

이재명에게 정치권력이란 어떤 의미인가?

인류의 역사가 시작된 이래 인간이 모이는 곳에는 예외 없이 정치권력이 발생하였다. 정치는 인간의 본능과도 같은 것이다. 정치가 무엇인가에 대한 정의는 사람마다 다를 수 있다. 어떤 이들은 정치인들의 권력을 획득하기 위한 권모술수를 정치로 인식하기도 하고, 다른 이들은 두 명이상의 사람들이 모여서 상호작용하는 모든 행위가 정치의 범주에 들어가는 것으로 간주하기도 한다. 이처럼 정치를 정의하는 게 쉬운 일은 아니지만, 보편적으로 정치란 주어진 사회에서 제한된 자원을 배분하기 위한 행위와 이러한 행위의 규칙을 만드는 일련의 작용을 의미한다.

이러한 점에서 정치는 '제한된 자원을 배분하기 위한 상호작용'으로 볼 수 있다. 그런데 이러한 정치의 정의도 좁게 보면 '국가 자원을 배분하기 위한 정치인들의 상호작용'만을 생각할 수 있지만, 넓게 보면 '정치인들을 포함한 모든 국민의 상호작용'을 포괄할 수 있다. 예를 들면, 국가예산을 더 많이 받기 위한 지역 간 경쟁이나, 육아와 가사를 둘러싼 젠더 갈등, 노동조건을 둘러싼 노사 협상, 신무기 도입을 둘러싼 육·해·공군 간의 경쟁 등이 모두 정치적 행위이다.

우리 사회에서는 정치를 '더러운 것'으로 간주하고 정치에 무관심한 사람이 '쿨'한 사람으로 인식되는 경향이 있다. 그러나 '제한된 자원의 배분'을 위한 상호작용을 백안시하는 것은 정치를 정치인들의 전유물로 간주함으로써 주권자인 국민을 무시하거나 기만하는 불순한 의도가 숨어 있다. 정치권력이나 정치적 자원을 과점하고 있는 기득권 세력은 성치를 더럽고 정의롭지 못한 것으로 매도함으로써 국민을 정치의 영역으로부터 분리하고자 선동하고 불신을 조장한다.

이러한 정치 불신 조장 세력이 추구하는 것은 궁극적으로 '제한된 국가적 자원의 배분' 과정에서 국민의 무관심과 비관적 냉소를 유도하여 자원을 독점하는 것이다. 결과적으로 국민주권의 민주적 기본원리를 교묘하게 파괴하는 것이다.

이재명의 정치관은 바로 이러한 기득권의 정치 과점을 국민주권의 정치로 바로잡는 것이다. "정치는 정치인들이 하는 것 같지만 결국 국민이 하는 것이다. 모든 권력은 오로지 국민을 향해 있어야 한다."라는 이재명의 언급은 이러한 인식을 잘 보여준다. 언뜻 보기에는 국가 대사가 소수의 정치인에 의해서 결정되는 것처럼 보이지만, 결국은 그들도 국민 다중의 압력으로부터 자유로울 수 없다. 이런 맥락에서 "보통 정치, 그러면 정치인들끼리 모여서 뭔가 작전을 하고 협의하고 끌어나간다고 생각하지만, … 결국 그 권력이란 것도 국민으로부터 나온 것이고 오로지 국민을 위해 행사되어야 하는 건 분명하다."라는 이재명의 인식은 되새겨볼 만하다.

국제정치란 무엇인가?

    정치에 대한 많은 철학적 고찰과 이론이 있지만, 결국 대중에게 정치란 분배에 관한 것이다. 즉, 정치는 누가 무엇을 얼마나 가질 것인가에 대한 합의와 규칙을 결정하는 것이다. 국가의 정치적 결정에 따라서 어떤 사람은 더 많은 것을 얻게 되고 어떤 사람은 더 적은 것을 얻게 된다. 예를 들어, 관세를 높이게 되면 대기업은 손해를 보겠지만, 농민들은 이익을 보게 된다. 한편 환율이 높아지면 수출업자는 이익을, 수입업자는 손해를 보게 된다. 이처럼 정치는 대중과 동떨어진 정치인들의 전유물처럼 보이지만, 사실 정치에 가장 큰 영향을 받는 사람들은 일반 대중이다. 우리가 정치에 무관심해서는 안 되는 가장 큰 이유가 바로 이것이다.

    마찬가지로 국제정치도 국가 간의 정치이다. 즉, 국제정치를 통해서 어느 국가가 무엇을 얼마나 가질 것인가가 결정된다. 다른 말로 우리는 이것을 국익이라고 부른다. 국제정치를 잘하는 나라와 그 국민은 많은 것을 얻을 것이고 국제정치를 잘못하는 국가와 국민은 그만큼 손해를 보게 된다.

    그런데 국제정치가 국내 정치와 다른 점 중에 하나는 국제정치에서의 이익이 국가의 존망과 관련된 '안보'와 관련이 있다는 것이다. 다른 이익은 조금 더 얻거나 덜 얻어도 사후에 보완이 어느 정도 가능하지만, 안보는 국가의 '사활적 이익'이기 때문에 사후에 보완이나 회복이 불가능하다는 문제가 있다. 따라서 국제정치의 중요성이 강조되는 것이다.

국제정치가 본질적으로 국내 정치와 구별되는 지점은 국제 사회가 '무정부적'이라는 것이다. 무정부적이라는 것은 '혼돈(chaos)'을 의미하는 것이 아니라 중앙정부의 '부재(anarchy)'를 의미한다. 국내 정치와 달리 구성원 간에 분쟁이 발생해도 이를 중재해 줄 주체가 없는 것이다. 따라서 국제정치에서는 소위 '자력구제(self-help)'의 원칙이 적용된다. 각 나라가 스스로 알아서 살아남아야 한다는 것이다. 그러려면 모든 나라는 힘을 길러야 한다. 그런데 이러한 힘은 상대적(relative)이다. 내가 아무리 힘이 세도 주변국이 나보다 더 세면 나는 약한 것이 되는 것이다. 그래서 모든 국가는 '권력투쟁(struggle for power)'을 하게 된다. 이러한 관점을 국제정치의 '현실주의(Realism)'라고 한다.

물론 국제 사회를 조화롭고 협력적인 관계로 보는 '자유주의(Liberalism)'적인 시각도 있다. 그러나 기본적으로 국가의 이익을 추구한다는 국제정치의 본질은 변하지 않는다. 국가의 이익이 무엇이고, 그 이익을 어떠한 방식으로 추구하는가에 대한 견해차가 있을 뿐이다. 따라서 어느 국가의 정부든 자국의 이익을 등한시하고 타국의 이익을 우선시하는 정책은 용납될 수 없다.

- 정한범

국가안보란 무엇인가?

　국가안보란 국가의 안전을 보장하는 것이다. 국가를 구성하는 3요소는 영토, 주권, 국민이다. 따라서 국가안보는 ▲ 영토를 온전히 보존하고, ▲ 국가의 기본권인 주권을 지키며, ▲ 국민의 안전을 유지하는 것을 의미한다. 영토의 보존에 대해서는 굳이 설명이 필요 없지만, 주권은 좀 다르다. 일상생활에서 주권은 별 문제가 없어 보일지라도 실상 주권이 항상 온전한 것은 아니다. 국가의 기본권인 주권은 국가들의 관계에 따라서 부분적으로 양도되거나 제약을 받기 때문이다.

　예를 들면 우리가 주권이 있다고 해서 다른 나라를 마음대로 침략할 자유를 가지지는 못한다. 이것을 규율하는 것이 바로 국제법이다. 국제법은 국가 간의 조약에 의해서 만들어진다. 우리나라가 한미원자력협정에 의해서 핵무기를 만들지 못하는 것도 우리 주권이 일부 제약받는 예이다. 또한 우리나라는 특별히 전시에 작전통제권을 미국에 위임하고 있다. 이러한 제약이 국가의 완결성을 침해할 수준은 아니지만, 보편적 주권 국가의 면모를 갖추기 위해서는 2021년 문재인 정부에서 '한미미사일지침'을 폐기하여 미사일 주권을 회복한 것처럼 언젠가는 회복해야 할 주권의 일부이다.

　국민의 안전을 유지하는 것은 국민을 국가 내외의 위협으로부터 보호하는 것을 의미한다. 국가 외부로부터 국민을 보호하는 것은 전쟁이나 침략으로부터 국민의 생명과 재산이 위험에 처하지 않도록 하는 것이다. 따라서 전쟁에 임해서 싸워 이기는 능력을 기르는 것이 국민을 보호하는 확실한 방안이다. 그러나 사실 그보다 더 바람직한 방안은 전쟁이나 국제적 갈등이 일어나지 않도록 관리하는 것이다. 싸워서 이기는 것은 일정 정도의 희생을 수반할 수밖에 없다. 우리가 전쟁을 피하려고 노력해도 부득이 싸워야만 하는 상황이 조성된다면 싸워서 이기는 것이 불가피하지만, 싸우지 않을 방법이 있다면 그 길을 선택하는 것이 주권자인 국민을 보호하는 국가의 책임이자 의무이다. 그래서 외교가 중요한 것이다.

국민의 안전이 외부로부터만 위협받는 것은 아니다. 국민을 보호해야 할 정부나 권력자가 공권력을 부당하게 행사하는 내란이나 외환은 국민주권에 대한 배반으로 어떠한 경우에도 용납할 수 없다. 따라서 국가권력이 적절히 견제받고 통제되는 민주적 정치체제가 중요하다.

이외에도 국민의 안전은 경제적 결핍이나, 환경오염, 기후 위기, 사회적 고립, 불평등의 심화, 팬데믹, 범죄 등에 의해 위협받을 수 있다. 이러한 모든 요소를 포함하는 개념이 포괄안보이다. 현대 국민주권국가에서 국가는 국민이 이러한 모든 요인으로부터 안전하도록 가능한 모든 노력을 기울일 의무가 있다.

－ 정한범

글로벌 대전환이란 무엇인가?

　전환은 본래 가던 길에서 벗어서 새로운 길을 찾아 나선다는 의미이다. 코로나19 팬데믹과 4차 산업혁명이라는 인류 역사의 커다란 전환의 시기를 맞이하여 오랜 기간 인류문명이 추구했던 방향을 벗어나 지구 전체의 개조를 지향하는 변혁의 시기가 도래하였다. 인류의 역사는 변화와 지속이 혼재되어 발전해 왔다. 유럽의 중세와 같이 비교적 장기적으로 지속된 시기도 있었고, 대항해 시대와 같이 지구촌 대부분 지역이 동시적으로 급격하게 전환된 시기도 있었다. 전 세계는 2025년을 통해 대항해 시기와 같이 대전환의 물결을 경험할 것으로 보인다. 2025년 1월, 트럼프는 2기 취임사에서 미국이 '황금의 시대'를 열 것이라는 선언을 하며, 미국 우선주의(MAGA)를 더욱 노골화하고 있어 글로벌 질서의 대전환이 가속화되고 있다.

　현재 진행되고 있는 글로벌 대전환은 다음과 같은 특징을 보이고 있다. 첫째, 미·중 패권 경쟁이 심화함에 따라 지구촌 질서가 재편되고 있으며, 이에 따라 국제 사회의 유동성과 불안정성이 지속되고 있다. 미국이 전 세계를 호령하던 단극체제는 저물었지만, 미래의 방향성이 여전히 모호하고 혼돈에 가까운 과도기가 지속되고 있다. 미국은 자국 이익 우선주의를 국가 대외정책의 목표로 내세우고 있으며, 전 세계적으로 각자도생의 경쟁이 가열되고 있다. 미래의 국제질서가 미국의 패권 하에 미·중 전략적 협력의 시기로 회귀할지, 미·중을 중심으로 한 신냉전 시기가 지속될지, 다극화 속에 경쟁과 적대가 병존하며 사안별로 협력하는 시기가 도래할지 중대한 갈림길에 서 있다.

둘째, 지구촌은 4차 산업혁명의 한복판에 서 있다. 첨단 정보통신 기술이 사회·경제의 전 분야와 통합적으로 연동되어 구현되는 시기로의 대전환이 이루어지고 있다. 이를 뒷받침하는 인공지능과 빅데이터, 반도체, 양자컴퓨터, 우주와 심해 탐사 등을 둘러싼 선진국들의 경쟁이 첨예하게 진행되고 있다. 필자는 1997년 모기업의 해외 탐방 프로그램의 공모에 선발되어 캘리포니아 실리콘밸리 등 첨단 정보통신 산업을 선도하는 지역을 방문할 기회가 있었다. 당시 대학생이었던 필자는 미래의 정보통신을 전망하면서 먼 미래에는 휴대전화로 영화도 보고, 영상통화도 하고, 다양한 수업도 하는 슈퍼컴퓨터가 탑재될 것이라고 보고서를 작성했었다. 당시 모기업에 보고서를 쓰면서 스스로 공상과학 영화처럼 상상력이 너무 지나치진 않은지 우려했었다. 그런데 불과 10여 년이 지나자 실제 스마트 모델이 나오기 시작했다. 현대의 첨단기술 발전 속도는 일반인들뿐 아니라 미래학자들의 상상보다도 빠르게 진행되고 있다.

글로벌 대전환의 시기에는 누가 먼저 미래를 포착하여 새로운 질서를 선도하느냐 아니면 우매한 판단으로 퇴행적으로 질서에 끌려가느냐에 따라 국가의 명운이 갈릴 것이다. 탈냉전기 대한민국은 글로벌 선도국가로 부상하고 있지만, 현재 국가 존망의 도전에 직면해 있다. 첫째, 인구절벽의 위기이다. 2022년 출생률이 0.78명, 2023년 4분기에는 0.6명을 기록했다. 한 쌍의 부부 사이에 0.6명이 출생하는 실정이다. 한반도미래인구연구원이 발간한 2024년 인구보고서는 2024년 약 5,200만 명의 인구가 2065년에는 4,000만 명 이하로 감소하고 인구 절반이 50대 이상의 고령이 될 것으로 전망하고 있다. 인구 감소가 국가의 존망을 좌우하는 핵심 문제로 부상한 것이다.

둘째, 치열하고 첨예한 국제경쟁의 중심에 서 있다. 한국은 냉전 시기 미국과 서방의 후원을 토대로 급속한 경제 성장을 이루어냈고, 한중 수교 이후 중국으로부터 1,000조 원 이상의 흑자를 기록했다. 그러나 현재 세계 각국은 제반 분야에 걸쳐 치열한 각자도생의 경쟁을 하고 있다. 다른 국가에게 더 이상 호락호락하게 자국의 자본, 기술, 시장을 개방하는 국가는 없다. 트럼프 1기 행정부뿐 아니라 바이든 행정부 시기에서도 미국은 자국 이익 우선주의에 기반하여 첨예한 기술 경쟁을 주도했다. 또한 브릭스(BRICS)와 글로벌 사우스(Global South)의 성장에 따라 기술 경쟁은 더욱 치열하게 전개되고 있다. 반도체, 배터리, 바이오 등 세계 최고의 제조 역량을 갖추었다고 평가받는 한국의 경쟁 우위가 점점 사라져가고 있으며, 이에 따라 국가 경쟁력 회복을 위한 재도약이 절실히 요구되고 있다.

- 박종철

외교의 비전과 전략은 왜 필요한가?

　외교의 비전과 전략은 무엇이 목표이고, 이것이 왜 필요하며, 이를 어떻게 달성할 것인가를 담은 외교의 지도이자 나침반이다. 비전과 전략이 없는 외교는 항해의 목적, 이유, 방법도 모른 채 예측하기 어려운 위험과 도전이 도사리는 망망대해로 떠나는 항해와 같다. 한국이 처한 외교 환경은 거친 바다와 같이 매우 험난하다. 우리는 남북으로 분단되어 있으며, 한반도에 다양한 목적과 이해관계를 지닌 강대국들로 둘러싸여 있다. 세계 질서를 주도하던 미국 패권의 쇠퇴, 중국의 강대국 부상, 미·중 간 패권 경쟁과 자유주의 세계 경제의 위기, 자국 이익 중심주의 강화, 북·중·러의 밀착, 북한의 안보 위협 지속은 한국이 안정, 성장 및 번영을 위한 장기적이고 전방위적인 외교 비전과 전략을 수립해야 할 필요성을 높이고 있다.

　한국 외교는 한반도를 둘러싼 동북아의 지정학과 국제정치의 위계적 권력구조 속에서 우리의 외교 비전을 스스로 설정하고, 이를 실용적이고 유연한 전략적 사고를 통해 외교 정책을 전개해 나가는 데 한계를 보여 왔다. 한국의 외교 정책은 한반도와 북한 안보 위협 문제에 집중되었고, 강대국 사이 양자택일이라는 선택을 강요받았으며, 한반도와 동북아 지역을 넘어 우리의 국익과 연계된 지구적 차원의 전략 공간에 대한 외교 비전과 전략을 충분히 전개해 나가지 못했다. 한국 외교의 지향점과 방법에 대한 내부적 합의의 부재는 외교 정책에 대한 국내적 지지와 국제적 신뢰를 제약하며 정권과 시기에 따라 일관성 없는 정책이 모호하게 추진되도록 만들었다.

우리 외교가 필요로 하는 것은 '국익 〉 목표 〉 원칙 〉 전략'이 명확하고 구체적인 체계를 갖추는 것은 물론, 변화하는 대내외 환경 속에서 실용성과 유연성이 발휘되며, 국민적 합의에 기초한 원칙이 일관성을 견지하는 비전과 전략이다. 국민의 안전과 번영은 우리 외교가 추구할 핵심적인 국익이다. 그러나 한국의 국익은 한반도의 안보와 경제에만 국한되지 않고, 에너지, 환경, 보건, 과학기술, 인권에 이르는 다양한 영역과 지역에 맞물려 있다. 우리의 국익과 외교의 우선순위를 제반 영역에서 규정하고, 이념과 정파를 넘어 외교의 원칙과 전략에 대한 내부적인 합의를 이루어야 한다. 공정과 성장에 기반한 내부적 역량 강화, 안정과 번영을 구가하는 지역공동체, 공존과 호혜를 실현하는 세계 질서는 우리의 국익 실현을 위해 우리 외교가 추구해야 할 목표이다. 이를 위한 외교 전략은 '개방성, 연대성, 포용성' 등 대내외적으로 호소력 있는 거시적 원칙에 기반해야 하며, 강대국과 약소국, 다자기구와 지역을 포괄하는 미시적인 전략으로 구현되어야 한다.

무엇보다 우리의 국익 규정에 있어 민주주의 가치의 문제를 외면해서는 안 된다. 국내 및 국제적으로 민주주의가 위기에 처해 있고, 양극화와 극단주의가 횡행하고 있다. 민주주의의 위기를 수습하고, 공정성과 포용성의 가치에 기반한 국익에 대한 규정이 내부적인 합의를 이룰 때 국제

사회 속에서 한국이 배타적인 국익만을 추구하는 존재가 아니라 글로벌 차원의 공존과 번영 등 보편적인 가치를 책임 있게 수행하는 국가로서 인정받을 수 있다. 한국 외교의 글로벌 리더십은 국내 정치적 기반 속에서 확보되고 발휘될 수 있다.

- 최경준

1

한국의 외교·안보

극우는 왜 색깔론에 집착하는가?

한국의 극우는 색깔론에 집착하며 민주당을 극좌 세력으로 낙인찍고 있지만, 민주당의 핵심 이데올로기는 (미국과 같은) 자유주의로 이는 공산주의 또는 사회주의와 대척점에 있는 이데올로기이다. 경험적으로도 민주당 정권은 김대중 정부 이래 경제적으로 신자유주의를 적극적으로 도입 및 옹호해 왔으며, 북한과의 관계를 포함한 대외관계에서도 자유주의적 접근 방식을 택하였다. 같은 맥락으로, 외국에서 한국의 정치 상황을 설명할 때 더불어민주당을 자유주의 정당(liberal party)으로 표현한다.

민주당의 강령·당헌·당규 어디에도 공산주의를 말하지 않는데, 한국의 극우세력은 왜 색깔론을 반복해서 제기하는 것일까? 이는 무엇보다 한국에 여전히 반공주의가 맹위를 떨치고 있으며, 극우세력은 민주당 정치인들을 공산주의자로 몰아감으로써 정치적 이익을 챙길 수 있기 때문이다. 해방 이래 지금까지 한국 사회의 헤게모니 투쟁에서 기득권 세력의 가장 강력한 무기는 반공주의이며 공산주의자라는 라벨을 대항헤게모니 그룹에게 붙임으로써 자신의 생존을 도모하며 영향력을 키워나갔다. 현재 헤게모니 투쟁이 격렬하게 벌어지는 시점에서 극우세력은 자유주의 정당인 민주당을 색깔론으로 공격하면서 헤게모니를 재장악하고자 하고 있다.

이와 관련한 대표적 사례 중의 하나가 민주당을 종북좌파라고 비난하는 것이다. 예컨대, 민주당 정부의 북한에 대한 화해협력 정책을 종북 정책이라고 하면서 정부가 북한과 결탁한다고 비난했다. 민주당이 지속적으로 대북 화해협력 정책을 추진하고 있는 이유는 그 길만이 한반도의 안정과 공동번영, 나아가 통일을 '평화적으로' 실현 가능한 방법이라고 생각하기 때문이다. 그 과정에서 북한은 한국의 대화상대일 뿐이지 결코 종북한 것은 아니다.

냉전 시기 미·소 사이도 서로 적대하기는 했지만, 핵무기 감축 등 중요 이슈들에 있어 서로 협력하기도 했다. 그렇다고 미국이 공산주의자는 아니다. 오히려 그러한 협력을 통해 미국은 냉전의 긴장을 해소했음은 물론 나아가 소련 체제가 붕괴하는 기폭제를 제공한 바 있다. 한국의 대북 화해협력 정책 역시 남북 간 긴장 완화뿐만 아니라 북한을 친시장적 나아가 자본주의화 하는 데 중요한 마중물이 될 수 있다.

- 최용섭

한국 현대사 외교의 흐름은 어떠했는가?

한국 현대사는 일제의 강점으로부터 해방된 1945년 8월 15일부터라고 할 수 있다. 일제의 불법적이고 야만적인 식민지배가 끝났지만, 한국은 바로 열강들의 분할통치에 놓이게 되었다. 이 시기 한국 외교에서 가장 큰 이슈는 신탁통치 종식과 남북한 통일정부 수립이었다. 이 시기에 신탁통치를 반대하고 통일정부 구성을 요구하는 민족주의 진영과 미국의 신탁통치를 찬성하고 남한 단독정부 구성을 요구하는 반공주의 진영으로의 정치적 분화가 시작되었다. 미국과 소련에 의한 신탁통치는 약 3년 후에 종식되었지만, 한국은 남북한으로 분단되는 비극을 맞이하고 말았다.

1950년 북한 공산당에 의한 반민족적인 6.25 남침은 국제정치에서 이념이 얼마나 중요한 것인가를 여실히 보여주었다. 형체 없는 이념은 수백만 명의 희생을 불러왔다. 한국전쟁의 기억은 35년의 일제 식민경험을 뒤로 밀어낼 만큼 현재까지도 한국 사회의 분열과 갈등의 가장 큰 요인으로 작용하고 있다.

1960년대에는 일본과의 국교 정상화가 가장 큰 쟁점으로 작용하였다. 일제의 수탈을 경험한 한국 국민에게 일본과의 수교는 민족적 자존감에 큰 상처를 주는 치명적인 이슈였다. 이때 다시 수교를 반대하는 민족주의 진영과 수교를 찬성하는 권위주의 진영의 대립 속에서 힘을 가진 정권의 의도대로 한일 수교가 이루어졌으나, 성급한 수교 협상 때문에 적절한 배상을 받지 못했다. 강제징용 노동자들과 종군위안부 동원 문제는 오늘까지도 일본당국이 적절한 사죄나 배상을 하지 않아 한국 사회 진영 대결의 불씨로 남아 있다.

1970~80년대에는 통일에 대한 인식 차이로 민족주의 진영과 반공주의 진영 간 갈등이 지속되었다. 이러한 갈등은 1980년 5.18 광주민주화항쟁을 거치면서 반민주적이고 무도한 전두환 신군부를 인정한 미국의 태도로 인해 반미투쟁으로 비화하게 되었다. 이때부터 소위 '자주' 진영과 '친미반공' 진영 간의 대결이 한동안 지속되게 되었다. 민주화가 이루어지고 친미-진보적인 김대중 정부의 등장을 계기로 '친미 대 반미' 투쟁은 사라졌으나, '남북대화론'을 '반미 종북'으로 낙인찍으려는 프레임 전쟁은 현재도 지속되고 있다.

1990년대는 소위 세계화의 시대로 '신자유주의' 경제 질서로의 편입을 찬성하는 세력과 반대하는 세력 간의 논쟁이 치열했다. 찬성론자들은 성장을, 반대론자들은 경제적 불평등 심화를 주목했다. 신자유주의는 냉전 종식 이후 미국 주도하에 중국을 포함한 전 세계적 협력의 시대를 이끌었고 한국은 오랜만에 진영대결에서 벗어날 수 있었다. 진보 진영의 김대중-노무현 정부가 신자유주의 정책을 채택하면서 논란은 종식되고 한국은 고도성장을 구가하게 되었다.

2000년대에는 노태우 정부에서부터 시작된 북방정책이 김대중 정부에서의 남북정상회담으로 열매를 맺으면서 남북 대결구도 해소와 교류

협력의 시대로 접어들게 되었다. 노무현 정부는 개성공단을 통해서 남북 협력의 신기원을 열었으나, 이명박-박근혜 정부에서의 남북 갈등으로 개성공단은 중단되고 말았다. 이때부터 한국은 다시 '종북' 논쟁에 빠져들며 심리적 내전 상태로 접어들게 되었다.

2010년대에는 이러한 '종북' 논쟁에 더해서 박근혜, 문재인 정부에서 본격화된 '사드 논쟁'으로 국내 이념 갈등이 '친미' 대 '친중' 논쟁으로 비화하였다. 아울러 일본의 종군위안부와 강제징용공에 대한 '사죄 불가'와 '배상 불가' 방침으로 한국 사회는 다시 '진보'와 '보수'의 극심한 대결 국면으로 빠져들게 되었다. 특히 문재인 정부에서 분단 이후 최초로 진지한 남북대화와 북미 대화가 이루어지면서 보수 진영의 위기감이 극대화되었고 비핵화 협상을 두고 '협상론'과 '대결론'이 대립하게 되었다.

2020년대에는 문재인 정부에서 추진했던 화해 협력이 실패하고 남북 간 대립과 갈등이 심화하면서, 북한을 고립시키고자 하는 보수 진영과 북한과 대화를 통해 전쟁을 방지해야 한다는 진보 진영이 여전히 대립하고 있다. 그러나 남한 내의 진영 간의 논쟁이 무색하게 북한은 소위 '적대적 두 국가론'을 들고나오면서 남한의 보수, 진보 양 진영을 무시하는 태도를 보이고 있다. 2024년 12월 3일 내란 세력이 북한의 도발을 유발해서 이를 빌미로 계엄의 정당성을 확보하려고 노력했지만, 대북삐라, 무인기침투, 원점타격론 등에도 무대응으로 일관할 정도로 남북 단절이 심화하고 있다.

이와 별도로, 2017년 트럼프 1기 행정부 이래로 소위 미·중 전략 경쟁이 지속되어 인도·태평양 전략 속에 한국이 급속히 편입되는 상황이 전개되고 있다. 한반도 외부의 상황이 한반도 안보에 영향을 미칠 수 있는 국제 사회 진영 간의 갈등이 다시 고조되고 있는 것이다. 미국이 한미동맹을 넘어 한·미·일 군사 협력을 요구하면서, 한·일 협력과 한·미·일 협력의 범위를 둘러싼 논쟁이 현재 한국사회의 가장 첨예한 외교·안보 이슈가 되고 있다.

– 정한범

한국 외교·안보 정책은 어떻게 발전되어 왔는가?

한국의 외교·안보 정책은 한국 경제와 정치 발전의 궤적을 반영하고 있다. 일제 패망과 함께 이루어진 한국의 독립은 곧바로 독자적인 외교·안보 정책을 추진할 수 있는 기회와 역량을 우리에게 부여하지 못하였다. 남북한 분단으로 우리의 관심은 한반도를 벗어나기 어려웠고, 한국 전쟁의 참화는 우리의 물질적 역량을 파괴하였을 뿐만 아니라 외교적으로 우리의 목소리를 낼 수 있는 기회를 빼앗아 갔다.

냉전 체제는 한국의 외교·안보가 남북한 문제에 치중되고 한미 관계를 중요시하는 배경이 되었다. 북한으로부터의 위협이 현실적으로 상존하는 상황에서 우리의 외교·안보 정책은 북한의 위협으로부터 우리를 보호하는 것에 집중되었고, 가장 효과적이며 필수적인 방안으로 한미동맹의 가치가 중요시되었다. 한국은 미국과의 동맹을 통해 북한으로부터 비롯된 안보 위협 문제를 해결함과 동시에 세계 최대의 경제 대국인 미국 시장에 대한 수출을 통해 경제 성장을 도모할 수 있었다.

동유럽의 공산권 몰락과 함께 시작된 탈냉전은 한국 외교에 큰 전환점이 되었다. 구(舊)공산권 국가들과의 수교를 추진했던 한국의 '북방정책'은 한국이 한반도를 넘어 외교 범위를 확장한 최초의 시도라 할 수 있다. 공산권 진영의 붕괴는 북한에게 공산주의 체제의 한계와 몰락에 대한 현실적인 메시지를 전하였고, 체제 전환을 맞이한 이들 구 공산권 국가들과 한국의 수교는 북한의 국제적 고립과 한국의 국제적 위상 강화를 말해주는 것이었다. 그러나 '북방정책'은 그 목적이 북한에 대한 압박과 '남북한 체제 경쟁의 승리라는 한반도 문제로 귀결되었다는 점에서 한계점역시 지니고 있었다.

한국 외교의 독자성과 주도성은 '햇볕정책'과 함께 본격화되었다. 이전의 한국 외교·안보 정책이 북한의 위협에 대응하기 위해 미국과의 관계를 중심에 놓고 전개되었다면, '햇볕정책'은 북한의 변화와 남북한 문제 해결을 우리가 주도하여 이룩해 나가겠다는 의지와 방향성을 지니고있었다. 이전의 남북한 관계가 정부 특히 최고 지도층을 중심으로 간헐적인 성명과 회담을 통해 전개되었다면, '햇볕정책'은 최고 지도자와 정부뿐 아니라 민간과 기업을 포함한 여러 행위자들이 다양한 분야에서 남북한 교류 협력을 지향해 나갔다는 점에서 차별성을 지니고 있었다.

그러나 '햇볕정책'은 한계점 역시 드러냈다. 단기적인 정치, 군사, 안보적 성과보다는 비정치 분야 특히 경제 및 인적 교류를 통해 북한의 변화를 인내심을 갖고 유도해 나가겠다는 '햇볕정책'의 추진 방식은 정작한반도 문제의 핵심적인 사안인 북한의 안보 위협을 줄이는 데 가시적인성과를 내지 못하였다. 오히려 북한의 핵과 미사일 개발은 이 정책이 북한이 안보 위험을 증대시키기 위한 힘을 키울 수 있는 시간과 비용을 제공한 것이 아닌가라는 비판을 야기하였다.

한반도 문제의 해결방안에서도 정권에 따라 접근법이 상이하였다. 햇볕정책을 계승한 노무현, 문재인 정부가 남북한 교류와 협력, 대북 포용

정책, 한국 주도의 한반도 문제 해결을 내세웠다면, 이명박, 박근혜, 윤석열 정부는 대북 강경 대응, 경제보다는 안보 문제 우선 해결, 북한 변화에 대한 일방적인 기다림보다는 북한의 즉각적인 변화에 대한 강조, 그리고 무엇보다 한미동맹 공고화를 통한 북한에 대한 대응으로 특징되었다.

한미동맹은 북한 문제와 함께 한국의 외교·안보에 있어 가장 중요한 이슈로 존재하고 있다. 북한에 의한 안보 위협이 상존하고 오히려 증폭되고 있는 상황, 북한과 가장 가까운 안보 동맹국인 중국의 강대국화는 한국이 효과적으로 이러한 안보 위협을 해결하기 위해 미국과의 동맹을 중시해야 하는 상황을 만들고 있다. 그러나 냉전 시대와 달리 중국과의 경제 관계가 우리 경제에 필수적인 요소로 자리 잡은 상황에서 한국은 중국을 견제하며 소위 신냉전을 치르고 있는 미국과의 관계만을 일방적으로 중시할 수 없는 보다 복잡한 게임을 수행하고 있다.

한국의 외교·안보는 여전히 한반도 문제에 집중되어 있다. 북한의 안보 위협은 우리가 해결해야 할 제1순위 당면 과제이다. 그러나 경제성장과 민주화 이후 변화된 한국의 국가 역량과 전 지구 차원의 상호 의존성이 증대된 환경 속에서 한반도 바깥의 문제에 관심을 기울이고 '중견국', 나아가 '글로벌 선도국가'의 역할을 국제적으로 수행하기 위한 외교·안보적 노력을 확대해 나가고 있다.

- 최경준

한국 외교·안보 정책이 지나온 길을 돌아볼 때 성과 및 한계는 무엇인가?

　중국 중심의 천하 질서 속에 놓여 있다가 일제의 식민지 지배로 인해 국권을 상실한 한국은 상해 임시정부를 중심으로 국권 회복을 위한 외교적 노력을 경주하였고, 해방과 독립 이후 본격적으로 외교·안보 정책을 전개해 나갔다. 비록 우리 외교의 역사는 짧지만 다음과 같은 중요한 성과를 이룩해 왔다.

　첫째, 국가 독립의 유지이다. 국력의 취약성으로 식민 지배를 받았던 한국은 독립 이후 지속적인 국력 신장을 통해 국가적 생존과 독립을 유지해 왔다. 모든 외교의 일차적 목표는 국익의 실현이고, 그중에서 가장 중요한 것은 국가의 생존이다. 한국 외교는 이러한 일차적인 목표를 충실히 성공적으로 수행해 왔다. 구소련(러시아), 중국, 일본과 같은 강대국에 둘러싸여 있는 매우 취약한 지정학적 안보 환경 속에서 더욱이 북한으로부터의 상존하는 군사적 위협에 놓여 있는 극도의 불안정한 안보 상황에서 국가적 독립을 유지해 온 것은 우리가 외교·안보 영역에서 이룩한 가장 기본적이면서도 가장 중요한 성과이다.

　둘째, 한미동맹의 안정적인 유지이다. 동맹은 기본적으로 자유로운 이합집산을 특징으로 한다. 어제의 친구가 오늘의 적이 되고, 오늘의 적이

내일의 친구가 될 수 있는 것이 국제정치 현실의 속성이다. 한국이 미국과 70년이 넘는 기간 동안 견고한 동맹관계를 유지하고 이것이 한국의 외교·안보에 매우 중요한 기여를 해 왔다는 것은 한국의 외교·안보가 이룩한 중요한 성과이다. 한미동맹을 통해 한국은 북한의 위협을 효과적으로 차단해 온 것은 물론 냉전 시기 구소련과 중국으로부터의 위협에 대응하며 경제성장과 민주화를 이룰 수 있었다.

셋째, 한국의 강대국으로의 부상이다. 한국은 불안정한 안보 환경 속에서도 경제성장과 민주화를 이루어 냈고 현재 세계 10대 군사 및 경제 대국으로 부상했다. 한국은 국방비 기준 세계 10대 군사강국이며 강력한 군사력을 지니고 있다. 군사력은 경제력의 뒷받침이 있어야 유지될 수 있다. 한국은 전체 GDP와 교역 규모에 있어 세계 10대 강국이다. 한국 전쟁으로 폐허가 된 상황에서 한국은 약소국의 지위를 벗어나 이제 중견국을 넘어 강대국이 되었고 한국은 무시할 수 없는 국제적인 주요 행위자이다. 동아시아와 한반도에서 수행하는 한국의 외교·안보 정책은 전세계 차원의 외교·안보와도 직결되며, 우리의 외교·안보 역할은 국제정치적인 의미를 지니고 있다.

이러한 성과에도 불구하고 한국의 외교·안보는 한계 역시 지니고 있다. 이는 우리의 외교 경험이 짧은 데에도 기인하지만, 강대국에 둘러싸여 이들의 영향에 끊임없이 노출되어 온 우리의 지정학적 위치와 역사적 경험에서 비롯한 결과이기도 하다.

첫째, 지나치게 단순한 적 개념으로 인해 외교적 유연성이 크지 않다. 외침과 식민 지배, 분단 구조, 냉전 구조 속에서 우리는 타국을 적 아니면 친구라는 고정된 관점으로 접근해 왔다. 이러한 흑백 논리적 적 개념은 오늘날 미·중 갈등과 신냉전 속에서 다시 강화되고 있다. 북한은 우리의 주적(主敵)이다. 중국과의 경제 관계가 우리 경제를 위해 중요함에도 중국을 적으로 인식하는 접근법이 미·중 갈등과 함께 부각되고 있다. 일본에 대한 적 관념은 내부적 논쟁과 갈등의 대상이다. 일부는 과거사 문제를 해결하지 않고 군사 대국화, 보통 국가화를 지향하는 일본을 오롯이 적으로 인식한다. 다른 일부는 주적인 북한에 대응하기 위해 일본을 동맹국의 단계로까지 격상시키고자 한다. 우리가 보다 유연한 적 개념을 영역별로 지닐 수 있다면 한국 외교가 지닌 운신의 폭은 더 넓어질 수 있고 국익의 실현도 보다 효과적으로 달성될 수 있을 것이다.

둘째, 강대국 중심주의는 한국 외교·안보의 지평을 제약한다. 한국은 취약한 국력으로 인한 침략과 지배를 받으며 물질적 국력에 대한 필요성을 절감하며 이를 갈구해 왔다. 이는 한국 경제의 성장을 견인해 왔지만, 외교에 있어서는 약한 국력을 지닌 국가와 지역에 대한 관심을 충분히 기울이지 못하게 하였다. 현재의 우리 경제와 향후 발전을 위해 동남아, 아프리카, 중동, 남미와 같은 국가들이 중요할 수 있다. 우리 외교는 이들 국가와의 긴밀한 교류 협력과 상호 이해를 통해 경제적, 안보적 이익과 국제적 기여를 도모하기보다는 강대국 외교에 치중하고 이들과의 관계를 통해 '나머지' 세계 및 국가들에 대한 문제를 해결할 수 있다고 믿어 왔다. 강대국 중심주의의 탈피는 한국 외교가 한반도와 동아시아를 넘어 국제적 차원에서 '글로벌 선도국가'로서의 역할을 수행하기 위해 필요하다. 이들 비강대국들과의 교류와 협력 강화는 국제 사회 속에서 한국이 외교 안보 역량을 강화하고 리더십을 발휘하는데 중요한 기반이 될 것이다.

- 최경준

외교 정책이 장기적이고 실질적인
성과를 올린 적이 있는가?

외교 정책이 장기적이고 실질적인 성과를 내기 위해서는 외교를 입안하고 실행할 수 있는 국내적 역량과 외교의 목표가 정책을 통해 실현될 수 있는 국제적 환경이 모두 충족되어야 한다. 그러나 현실적으로 이 두 가지 조건이 모두 갖추어지는 것은 쉽지 않다. 국내적으로는 정권에 따라 또는 사회적 요구에 따라 외교 정책의 목표와 내용이 달라질 수 있으며, 설령 장기적인 관점에 따라 일관된 외교 정책을 추구하려 하더라도 변화된 국제정치의 환경과 강대국을 비롯한 타국의 외교 정책과 반응에 따라 정책의 실현이 어려워질 수 있다.

권위주의에서 민주주의로의 이행, 보수와 진보 정권 사이의 교체라는 변화에도 불구하고 한국 외교가 추구해 온 일관된 외교 정책의 목표 중 가장 중요한 것은 남북한 통일이다. 비록 통일을 이루기 위한 방식과 수단에 있어 차이가 있을지라도 분단체제를 극복하고 통일 국가를 이루는 것은 우리 외교가 지향해 온 장기적 목표이다. 그러나 여전히 북한이 변화보다는 체제 유지를 고수하고 있고, 핵과 미사일 개발로 안보 위협을 증대시키고 있기에 현 시점에서 통일을 향한 한국의 외교 정책이 실질적인 성과를 거두었다고 평가하기는 어렵다.

그러나 한국전쟁 이후 수많은 북한에 의한 도발과 안보 위협에도 불구하고 제2의 한국전쟁이라는 파국적인 위기 상황에 빠지지 않도록 안보 상황을 관리해 왔다는 점에서 안보적 차원의 한국 외교는 비교적 장기적이고 실질적인 성과를 올렸다고 평가할 수 있다. 안정적인 한미 관계의 유지는 안보 위기의 관리라는 이러한 목표를 이루는 데 대단히 중요한 성과이다. 한국은 한미동맹을 통해 북한의 위협과 도발을 억제할 수 있었고, 미일 동맹의 안보 우산 속에 놓인 일본의 군사대국화 위협을 완화할 수 있었으며, 냉전기 경제성장을 통해 북한과의 체제 경쟁에서 승리하고 안보 역량을 뒷받침할 물질적 힘을 축적할 수 있었다.

국제 사회 속 한국의 위상 강화도 한국 외교가 이룬 장기적이고 실질적인 성과로 평가될 수 있다. 일제 식민지 지배로 인한 고통과 굴욕, 한국전쟁의 참화를 경험하며 한국은 해외 원조에 의존하는 약소국, 저발전국이 아니라 국제적으로 인정받고 국제 사회에 기여할 수 있는 강대국이 되는 것을 중요한 외교 정책의 목표로 추구해 왔다. 경제 강국, 군사 강국으로의 부상, 민주주의 정치 발전, 한류로 대변되는 한국 문화의 전 세계적 파급, 원조 수원국에서 원조 공여국으로의 전환, 국제기구 내의 영향력 증대와 수많은 국제회의의 개최 등은 선진국을 따라잡겠다는 외교적 목표가 이제 국제 사회를 이끌어가는 '글로벌 선도국가'의 지위로까지 도달하게 만든 실질적인 성과를 상당 부분 이루었음을 보여주고 있다.

- 최경준

역대 정부별 대표적인 외교 정책 성과와 실패는 무엇인가?

역대 정부의 외교 정책 성공과 실패는 국내외 정세의 변화, 정부의 이념·전략적 우선순위 등에 따라 상이하게 나타난다. 물론 '성과'와 '실패'의 평가는 관점에 따라 다를 수 있지만, 각 정부가 추진했던 대표적 외교 정책 위주로 간략히 살펴보면 다음과 같다.

이승만 정부(1948~1960)

가장 두드러진 성과는 1953년 체결된 '한미상호방위조약'이다. 6·25 전쟁 이후 한국의 생존과 안보를 보장하기 위해 미국과의 동맹 관계를 공고히 함으로써, 이후 한국 외교의 기틀을 마련했다. 그러나 반공포로 석방 등으로 미국으로부터 상당한 불신을 받아 비슷한 시기 동아시아 국가들이 맺은 동맹 조약보다 '평시 및 전시 작전권'을 미국이 가지도록 하는 등 상대적으로 더 많은 주권적 권한을 양보했다.

박정희 정부(1961~1979)

경제 발전을 위한 외교 정책의 대표적 성과로 1965년 한일 국교 정상화를 꼽을 수 있다. 이를 통해 일본 자본과 기술을 유치하여 산업화 초석을 다지는 데 기여하기도 했지만, 이때 '조건부'로 들어온 일본의 자본과 기술은 향후 한국 경제가 일본 경제에 종속되는 원인이 되었다. 군사정권의 정당성 결여를 상쇄하기 위한 베트남전 파병 제안 및 실제 파병은 많은 한국 군인들의 희생뿐만 아니라 한국이 베트남 민간인들 전쟁 피해의 가해자가 되었다는 점에서 한미동맹 강화라는 '공'보다는 '과'가 큰 결정이었다.

전두환 정부(1980~1988)

1980년대 중반부터 시작된 북방정책(노태우 정부로 이어짐)의 기초를 마련하고, 1986년 아시안게임과 1988년 서울올림픽 유치를 성공적으로 뒷받침한 점이 외교적 성과다. 그러나 광주민주화운동 진압에 대한 국제사회의 비판과 미국을 비롯한 서방 민주국가들과의 거리감은 외교 무대에서 크나큰 한계로 작용했다.

노태우 정부(1988~1993)

이른바 '북방정책'으로 소련(현 러시아) 및 중국과 수교를 맺어 냉전 질서를 종식하고 한국 외교 지평을 대폭 확장한 것은 긍정적으로 평가받는다. 동시에 1991년 '남북기본합의서'와 '한반도비핵화공동선언'을 이끌어 낸 것도 성과다. 다만 북한 핵 문제가 본격적으로 불거지며 이후의 긴장 국면을 완전히 해소하지 못한 점은 한계로 지목된다.

김영삼 정부(1993~1998)

문민정부 출범으로 민주화를 대외적으로 알리고, 1996년 OECD 가입을 통해 '선진국' 이미지를 대내외에 각인시킨 것이 대표적 성과다. 하지만 외환위기(IMF 사태)로 이어지는 경제·금융 정책 실패는 외교적 신뢰도에 타격을 주었고, 이전 정부와 달리 대북 적대시 정책을 취함으로써 한반도 평화에는 기여하지 못했다.

김대중 정부(1998~2003)

'햇볕정책'을 바탕으로 2000년 남북정상회담을 성사하고, 노벨평화상을 수상함으로써 한반도 평화 무드를 국제 사회에 알린 것은 획기적인 성과다. 또한, 미국, 일본, 중국 등 주요국과의 외교 관계를 강화하여 한반도 평화와 경제 협력의 기반을 마련했다. 그러나 북한 핵 문제의 근본적 해결에는 이르지 못했다는 지적이 따른다.

노무현 정부(2003~2008)

자주외교 기조 속에서 미국, 중국, 일본 등 주변국과 다자협력을 활성화하고, 6자회담의 틀을 통해 북핵 문제를 완화하려 했다는 점이 성과로 꼽힌다. 하지만 미국과의 FTA 추진과정에서 농업·산업 분야 반발을 충분히 조정하지 못했고, 또한 이 시기 '반미' 논란이 발생하기도 했다.

이명박 정부(2008~2013)

주요 20개국(G20) 정상회의 서울 유치를 비롯해 글로벌 외교 무대에서 한국의 위상을 높였고, '전략적 이익 창출 외교'를 내세워 중견국 외교를 시도했다. 그러나 '자원외교'로 불린 해외 자원개발 사업이 성과 없이 막대한 손실을 입힌 것은 대표적 실패 사례다. 대북 강경 기조도 한반도 평화에 마이너스로 작용했다.

박근혜 정부(2013~2017)

초기에는 시진핑 주석과의 긴밀한 교류로 한중 관계가 급속도로 진전되었으며, 2015년 중국 전승절 행사 참여 등으로 협력 기반을 넓혔다. 하지만 사드(THAAD) 배치 결정 이후 중국의 강력한 반발로 양국 관계가 크게 악화하였고, 결국 외교가 국내 정치 스캔들(최순실 국정농단)에 휘말린 것이 치명타가 되었다.

문재인 정부(2017~2022)

남북정상회담과 북미정상회담으로 이어지는 한반도 평화 프로세스를 주도하여 2018년 한반도 긴장을 크게 완화한 점이 최대 성과로 꼽힌다. 그러나 하노이 북미정상회담 결렬 이후 대화 동력이 급감했고, 대북 제재 문제를 둘러싼 국제 사회의 이견 속에서 가시적 비핵화 진전을 얻지 못한 것은 한계로 남았다.

결국 역대 한국 정부들은 국제정세 변화와 국내 여건을 종합 고려하여 외교 정책을 펼쳤으나, 항상 성과와 실패가 교차해왔다. 경제 발전과 안보, 남북 관계와 국제 위상 제고라는 목표는 시기별로 다른 무게감으로 다가왔으며, 각 정부는 그 목표를 달성하는 과정에서 때론 국제 사회의 호평을 받았고, 때론 뼈아픈 한계에 직면했다. 중요한 것은 과거 정부들의 성과와 실패를 교훈 삼아, 외교적 기회는 극대화하고 위험 요인은 체계적으로 관리하는 노력을 이어가는 일이다.

- 최용섭

12.3계엄 사태는 어떤 외교적 과제를
우리에게 주는가?

2024년 12월 3일 발생한 계엄령 선포와 폭력 수단을 동원한 국회 무력화 시도는 한국의 민주주의에 심각한 위협을 가했을 뿐만 아니라 우리 외교의 역량과 국제적 호소력에 상당한 부정적 영향을 미쳤다. 대통령 탄핵 사태는 한국 외교가 미·중 갈등과 전쟁 등 외부적인 요인뿐만 아니라 국내 정치적인 요인에 의해 영향을 받고 있음을 보여줌과 동시에 이를 극복할 수 있는 외교적 방안이 무엇인지에 대해 고민하게 만든다.

한국의 외교 역량은 민주주의와 경제 발전의 두 축 위에 서 있다. 한국은 세습적 권위주의이자 만성적 경제위기에 처한 북한 체제와 달리 민주주의 국가이며 경제적으로 발전된 국가이다. 우리 외교는 안보 불안을 초래하며 민주주의를 위협하는 북한과의 차이점을 강조하며 미국을 비롯한 자유주의 국가들과 민주주의 가치의 확산을 위해 협력하는 동시에 개방된 세계시장과 연결된 한국 경제의 중요성을 바탕으로 국제 사회 속에서 경제적 교류와 공동 번영을 추구해 왔다. 한국의 민주주의와 시장 경제 발전은 한국이 국제적으로 기여할 수 있는 바가 무엇이고 왜 국제 사회가 한국이 주도하는 한반도 문제 해결과 통일을 지지하고 관심을 기울여야 하는지에 대한 근거이다.

계엄령과 대통령 탄핵 사태는 한국이 지닌 외교적 역량의 근간을 흔들어 놓았다. 비록 국회를 중심으로 국민이 계엄령 사태를 초기에 수습하여 민주주의 체제의 회복 탄력성을 보여주었으나, 반헌법적인 계엄으로 인한 대통령 탄핵 사태는 한국의 민주주의가 여전히 취약하다는 것을 대내외에 드러냈다. 민주주의 국가로서 다른 민주주의 국가들과 가치를 공유하며 협력하고 북한을 비롯한 권위주의 국가들의 안보 위협과 질서 파괴 행위를 비판해 왔던 한국은 우리 외교가 지닌 대외적인 호소력과 국제적 리더십 확보 측면에서 필요한 국내적 기반을 상실할 수 있는 위기에 봉착하였다.

우리 외교의 위기는 핵심적인 동맹국인 미국과의 관계에도 나타날 수 있다. 미국은 정치적인 목적으로 대통령이 군대를 동원하는 사태 속에서 과연 한국이 정치 및 군사적으로 신뢰할 수 있는 동맹국인가에 대한 의구심을 떨칠 수 없게 되었다. 민주주의 가치를 공유하는 동맹국과의 협력과 민주주의의 전파를 강조하던 미국의 외교 정책은 한국의 이번 사태로 대내외적 비판을 받게 되었고, 전시 작전권, 방위비 분담금, 한국 기업에 대한 미국의 정책적 대우 등 향후 다방면에서 부정적인 영향을 미칠 가능성을 배제할 수 없다.

한국의 경제외교도 이번 사태로 큰 영향을 받게 될 것이다. 트럼프 2기 행정부 출범과 더불어 각국이 국익 실현을 위해 미국과의 건설적 관계 설정을 모색하고 있는 시점에서 미국과의 신뢰 관계 훼손과 국내적 리더십의 공백 상태는 기민한 경제외교를 통해 경제적 국익을 확보하기 위한 우호적 국제환경을 조성할 수 있는 소중한 기회를 빼앗았다. 탄핵 사태로 인한 한국 정치의 안정성에 대한 국제적 차원의 의구심은 한국에 대한 투자와 경제 협력에 부정적 영향을 줄 수 있다. 한류와 국제교류 등을 통해 쌓아온 한국에 대한 긍정적 이미지와 다층적 공공외교를 통한 성과 역시 이번 사태로 크게 훼손되면서 한국 제품과 기업 및 국가에 대한 부정적 인식으로 이어져 수출과 관광 등에 영향을 미쳐 우리 경제에 부정적 결과를 초래할 수 있다.

한국 외교는 정치적 위기를 해결하고 경제적 어려움을 극복하여 우리의 역량을 재정비하며 다시 부상해야 한다. 공고한 정치적, 경제적 바탕 위에서 국제적 역할과 책임을 다하고, 강대국 갈등과 국익 우선주의 구조 속에서 우리의 국익을 효과적으로 실현하며, 남북 분단으로 인한 안보 위협에 대응해야 한다. 우리 외교에 대한 내부적 합의와 국제적으로 호소력 있는 원칙에 기반하여 다양한 국가와 지역을 아우르는 유연하고 실용적인 전략이 필요하다. 국익 중심의 실용 외교와 글로벌 선도국가 외교를 통해 한국은 한반도, 동아시아, 글로벌 차원의 평화와 번영을 견인하며 국익과 보편적 가치를 실현해야 한다.

- 최경준

2025 대한민국의 도약을 위한
실용이란?

최근 한국 사회 갈등의 이면에는 한국 엘리트 지배구조의 이익공동체 구조, 그리고 1987년 헌법에 의한 대통령 권력 독점과 같은 다양한 구조적 모순이 있다. 현재 지구촌은 4차 산업혁명과 각자도생의 시대로 대전환을 맞이하고 있다. 이러한 변화는 대한민국에게 다양한 국내외적인 도전에 대응하기 위한 혁신 및 국가적 의제 설정을 요구하고 있다.

2025년은 대한민국이 위중한 국내 정치적 혼란을 해결하고 미래로 다시 도약하는 첫해라는 점에서 국가전략 설계의 방향이 중요하다. 이와 더불어 국정과제의 기조와 방향을 설정할 때 실천 가능성도 고려해야 한다. 실천할 수 없는 허구적 목표나 혹은 너무 쉬운 목표만을 설정하는 것을 지양하고, 실천 가능성을 높이기 위하여 '실용', '통합', '개혁'이라는 원칙에 입각하여 접근하는 것이 필요하다.

대한민국이 세계 10위권의 글로벌 선도국가로 성장하게 된 원동력의 핵심은 우리 국민의 실용주의에 있다. 한국인의 실용주의는 현실 사회에서 공동체에 대한 헌신과 개인 입신양명의 출세 욕구가 조화를 이루는 사고방식이다. 일부 엘리트 특권층들은 이를 기회주의, 하나회와 같은 사조직, 애매모호함, 양비론과 양시론, 적당한 중간치기와 혼동하는 처신이라고 호도한다. 그러나 실제 실용은 이러한 기회주의적이고 애매모호한 접근 방식과는 거리가 먼 사고방식으로, 현실의 제약과 조건을 돌파하여 국가의 미래를 개척할 수 있는 지혜를 의미한다. 김대중 대통령은 1970년대 평화통일을 말하기 어려운 시대에 군부독재에 탄압받는 야당 지도자임에도 불구하고, 평화통일을 주요 국가 의제로 만드는 결기를 보였다. 그러나 1998년 대통령 취임 이후에는 남한의 압도적 국력을 고려하여 통일이라는 용어를 지양하면서 '상호위협 감소' 원칙을 추구하였다. 김대중 대통령의 이러한 실용적 접근은 독일식 흡수통일을 하려고 한다는 북한의 의구심을 일소시켰다.

2022년 대선에서 이재명은 "저는 사실 거의 보수에 가까운 실용주의자입니다"라고 하였다. 실제 이재명의 정책은 민족주의와 개혁보수의 노선을 일관되게 견지하고 있다. 또한 이재명의 외교·안보 정책은 실용, 통합, 개혁이라는 원칙에 기초하고 있다. 우리나라뿐 아니라 성공한 국가와 국민은 실용적인 접근 방식을 채택하고 있다. 초강대국 미국 역시 국가 부흥의 원동력을 실용주의(Pragmatism)에서 찾고 있다.

이재명의 정치이력에서 장점 중 하나는 결기 있는 결단 능력과 유연한 실천 능력에 있으며, 이재명은 정책을 실천하면서 실용적 접근이 가장 효과적인 결과를 낳는다는 것을 많은 경험을 통해 잘 알고 있다. 100%를 실천할 수 있는 정책은 실제로는 국민에게 40% 이하의 효용감을 주는 경우가 많다. 현실에 있어서 60%를 실천할 수 있는 80점의 정책이나 80%를 실천할 수 있는 60점의 정책이 효용감이 높으며 실용적이라고 하겠다. 실용주의를 토대로 소통과 협의를 통해 국민에게 최고의 효용감을 선사하고 국가의 안정, 화합, 번영을 이끌어내는 리더십이 필요하다.

- 박종철

이재명이 생각하는 한국 외교의
목표는 무엇인가?

이재명이 구상하는 대한민국 외교는 '국익 중심 실용 외교'를 통해 '글로벌 선도국가'로서 위상을 확립하는 것을 목표로 한다. 이를 위해 한반도 안보 상황을 안정적으로 관리하는 동시에 불확실하고 불안정하게 전개되는 국제 환경에 대응하여 유연하고 실용적인 접근을 통해 지역 협력 및 국제연대를 도모하여 글로벌 선도국가로서 대한민국의 위상을 확립하고자 한다.

경제력, 기술력, 군사력, 문화, 인적 교류 등 다양한 분야에서 전 세계의 주목을 받고 있는 대한민국은 선진국으로서 그리고 글로벌 선도국가로서 위상을 확립해야 한다. 이제 북한 문제에 국력의 상당 부분을 허비하던 구시대적인 착시에서 벗어나 견고한 한미동맹을 토대로 북한 문제를 안정적으로 관리하는 한편 '경제, 첨단기술, 개발 협력, 에너지, 해양안보, 방산, 문화' 등 실질적인 부문에서 지역 협력 및 국제연대를 이끌어가는 영향력 있는 핵심 국가로 우뚝 서야 한다.

구체적으로 한국은 ▲ 견고한 한미동맹의 토대 위에서 당당하고 포용적인 남북 관계 형성을 통해 한반도 안보 상황을 안정적으로 관리하는 한편, ▲ 글로벌 선도국가로 확실히 자리매김하기 위해 보편적 협력 원칙을 토대로 주요 국가들과 제반 분야에 걸쳐 협력 및 신뢰를 증진하는 것이 필요하다.

첫째, 대한민국의 근본적인 안보 이익은 한반도의 안보 상황을 안정적으로 관리하여 우리 국민의 생명과 재산을 보호하는 것이다. 지난 70년간 한미동맹은 북한의 안보 위협 속에서 한반도 평화와 안정을 유지하는 핵심 기제로 작동해 왔다. 앞으로도 한미동맹은 강건한 군사동맹으로서 한반도 방위 태세를 철통같이 유지하는데 핵심적인 역할을 수행해 나갈 것이다.

한미동맹을 토대로 한반도 안보 상황을 안정적으로 관리하는 가운데 합리적이고 발전적인 남북 관계를 만들어 가야 한다. 남북 관계에 대한 현실적인 상황 판단에 기초하여 북한 문제를 관리하고, 문제 발생 시 북한에게 할 말을 하며, 북한의 입장 변화가 있을 경우 수용하는 '우리 중심의 당당하고 포용적인 남북 관계'를 추진하는 것이 필요하다.

둘째, 한국의 강점과 보편적 협력 원칙을 토대로 글로벌 선도국가로 우뚝 서야 한다. 세계 10위권 내외의 군사력과 경제력, 세계 최고 수준의 제조 역량, 지구촌을 휩쓸고 있는 한류 등 한국의 역량은 전 세계의 주목 및 부러움을 사고 있다. 이러한 강점을 토대로 한국은 '개방성, 투명성, 포용성'의 협력 원칙을 통해 주요 국가들과 다양한 협력을 추진하는 것이 필요하다. 구체적으로 경제, 첨단기술, 개발협력, 에너지, 방산, 기후변화, 해양 안보, 재난구호, 문화, 인적교류 등 실질적인 부문에서 지역 협력 및 국제연대를 이끌고 확대해 나가는 선도국가로서의 모습을 확립해 나가야 한다.

한편 갈수록 심화하고 있는 미·중 경쟁과 관련해서는 ▲ 첨단기술 및 핵심 분야를 중심으로 한 미국의 공급망 재편 움직임에 적극적으로 동참하여 우리의 경제적 이익을 담보하는 동시에 중국과의 관계를 관리하기 위해 중국과의 소통을 지속적으로 유지 및 증대하는 한편, ▲ 보건 안보, 기후변화, 비확산 등 미·중의 이해가 수렴될 수 있는 사안에서 적극적인 역할 모색을 통해 양국과의 관계 유지를 위한 외교적 공간을 확보하는 것이 필요하다. 이와 함께 ▲ 일본, 아세안, EU, 호주, 인도 등 주요 국가들과 개발 협력, 첨단기술, 해양 안보, 인적교류 등 다양한 분야에 걸친 협력을 통해 우리의 이익을 증진하는 동시에 미·중 간 편 가르기가 야기할 수 있는 외교적·경제적 충격을 완화하기 위한 완충 지대를 확보해야 한다.

이재명의 '국익 중심 실용 외교'는 무엇인가?

한국 외교는 대통령 탄핵 사태와 정치적 양극화로 인한 국내적 혼란과 더불어 강대국 갈등과 국제 분쟁으로 인한 국제적 차원의 불확실성과 불안정성 속에 놓여 있다. 이재명의 국익 중심 실용 외교는 한반도, 동아시아, 국제적 차원의 문제를 국익 실현을 위해 주도적으로 접근하고 외교적 유연성과 실용성을 발휘하는 외교 전략이다. 이는 한반도 안정과 번영, 지역 협력, 국제적 연대를 도모하면서 우리의 운명을 스스로 개척해 나가는 것을 목표로 하며, 이념과 진영의 논리에 따른 구분과 배제를 거부하고 국민의 안전과 국익 증진을 기준으로 외교 목표와 전략을 수립하고 전개하겠다는 철학과 의지를 담고 있다.

국익 중심 실용 외교는 신냉전과 국제정세의 변화된 흐름과 협력과 갈등이 중첩되는 동아시아 정세의 특징, 분단 상황 속 북한 위협과 강대국 사이 각축이 벌어지는 한반도의 지정학적 가치, 우리가 그동안 쌓아 올린 국제적 위상 변화에 대한 치열한 성찰에 바탕을 두고 있다. 이것이 지향하는 목표는 지속적인 안정과 번영을 국내외적으로 약속하고, 국민의 삶의 질의 향상과 행복을 보장하는 것이다.

미래지향적인 대한민국의 외교 정책 기조로서 국익 중심 실용 외교는 한반도와 동아시아, 글로벌 안보 지형을 고려하여 1) 평화, 2) 공영, 3) 연대라는 3대 외교 목표를 지향한다. '평화'는 세계 유일의 분단국이자, 남북한 갈등과 미·중 사이 경쟁 격화로 인한 안보 딜레마 속에서 한국이 지향해야 할 외교 목표이다. '공영'은 천연자원이 빈약하고 대외 무역 중심의 경제구조를 지닌 한국이 남북한, 동아시아 지역, 글로벌 차원의 경제협력 체제의 실현을 통해 달성하고자 하는 목표이다. '연대'는 편협한 자국 이익을 놓고 벌이는 경쟁이 심화하는 국제환경 속에서 개방적이고 공정한 국제질서와 다자협력을 추구하고, 국내외적으로 사회적 약자를 보호하기 위한 다차원적인 국제협력을 지향한다.

향후 국제정치는 공통의 가치에 기반한 국가 간의 연대보다는 각자도생이나 상호이익에 따른 선택적 전략 제휴가 국가 관계를 결정하는 중요한 기준으로 작용할 가능성이 크다. 특히 자국 이익 중심주의를 추진하는 트럼프 제2기 행정부의 출범은 이러한 국제적 추세를 더욱 강화할 것이다. 그러나 평화, 공영, 연대는 우리 국민의 안전과 번영뿐만 아니라 이를 실현할 구조적 기반을 제공하는 국제정치의 구성원들에게도 반드시 구현되어야 할 목표이다. 우리는 우리의 국익을 추구하되 각국의 편협한 국익 우선주의가 충돌하여 전쟁과 공멸과 불신이 횡행하는 국제구조의 출현을 막는 리더십을 발휘해야 한다.

"국가의 제1 의무는 국민의 생명을 지키는 것이고, 평화는 아무리 비싼 대가를 치러도 지켜야 하며, 국가 운영은 집권자의 정치적 이익이 아니라 국익과 국민을 위해 해야 한다. 전쟁은 해외로 탈출할 수 있는 극소수 기득권자들에겐 정치적 경제적 이들을 보장하겠지만 국가와 국민에겐 모든 것을 빼앗는다. … 우리는 아무리 비싼 값을 치르더라도 전쟁이 아닌 평화를 원한다."는 이재명의 발언처럼 국익 중심 실용 외교는 우리가 중심을 잡고 변화하는 환경에 유연하고 적극적으로 대응하여 평화와 번영을 지속시키고, 외교를 통해 국민의 안전한 삶과 경제성장을 견인하는 것이다. 우리는 특정 국가의 외교 정책에 일방적으로 의존하거나 편승하지 않고 우리의 국익을 토대로 외교·안보 현안에 대해 적극적인 방안을 모색하면서, 안보, 경제, 기술, 에너지, 보건, 환경 등 사안별로 고도의 유연성을 발휘해야 한다. 이는 사안별, 시기별로 국익에 기초하여 상황을 분석하고 고도의 유연성을 발휘하여 강대국 정치의 위험을 분산하며 지역협력과 국제연대를 도모하는 것을 의미한다.

실용에서 중요한 것은 실행력이고 이를 추동하는 힘은 국내적 합의와 국제적 호소력이다. 아무리 좋은 정책 목표라 해도 실행이 어렵다면 좋은 정책이라 할 수 없으며, 분열된 국내외 정치 현실에서 통합은 이루어지기 어렵다. 국제적으로 호소력 있는 외교 정책이 실행되기 위해서는 정책의 지속성을 담보해 줄 내부적 합의가 필요하며, 배타적, 배제적, 균열 조성적 정책이 아닌 포용성, 공정성, 개방성을 지닌 통합적 정책이 중요하다. 동아시아와 국제질서는 강대국 정치가 지배하는 지정학으로의 귀환과 특정 국가의 패권이 일방적으로 작동하거나 특정 국가가 배제되는 질서가 아니라 역내 모든 국가의 이해가 수렴되고 모든 국가가 참여하는 포용적 질서가 필요하다. 이제 한국이 이를 위한 리더십을 담당할 시기이다.

이재명의 '글로벌 선도국가'는
어떻게 추진되어야 하는가?

  이재명의 글로벌 선도국가는 한국 외교 전략의 원칙, 목표, 대상과 범주를 담고 있는 외교의 비전과 전략이자, 장기적이고 지속성을 지닌 전략 프레임이다. 글로벌 선도국가는 높은 수준의 포용성, 개방성, 연대성을 통해 국내외적 국가 이익과 국제적 공동 번영의 가치를 주도적으로 실현하는 것을 목표로 하며, 중견국의 지위를 넘어 강대국의 반열에 오른 한국이 중장기적 관점에서 우리의 국익을 국제 사회 속에서 공동 번영과 평화를 통해 추구하고자 하는 외교 전략이다.

  국익 중심 실용 외교를 포함하고 있는 글로벌 선도국가 전략은 평화와 번영, 갈등과 위험 해소, 국제적 역할과 책임의 수행 과정을 통해 국가의 이익과 가치를 국가, 지역, 글로벌 차원에서 실현함을 목표로 한다. 평화, 공영, 연대는 분단국의 아픔과 강대국 갈등에 노출된 한국이 지역적 차원의 도전을 극복하고 글로벌 선도국가로서 책임 있는 역할을 수행하기 위해 국제 사회와 함께 추구해야 할 가치이다.

  글로벌 선도국가 외교는 국내적 차원에서 민주주의와 경제 발전을 공고히 하고 정치적 양극화를 초월하여 다양성 속에서 내부적 통합성을 실현함으로써 합의된 외교를 실행할 내부적 역량을 구축하는 데에서 출발

<표 1> 글로벌 선도국가의 비전과 전략

비전	국익과 가치의 실현	

↑　　　　↑　　　　↑

과정	평화와 번영, 갈등과 위협 해소, 국제적 역할과 책임	

↑　　　　↑　　　　↑

독트린	'글로벌 선도국가', '국익 중심 실용 외교'	

↑　　　　↑　　　　↑

수준	원칙	전략
국제체제	○ 공정성, 형평성	○ 호혜적 신뢰관계에 기반한 협력
지역	○ 중심성, 연결성	○ 포용적인 역내 리더십
다자관계	○ 개방성, 포괄성	○ 건설적 참여
양자관계	○ 유연성, 실용성	○ 동맹, 헤징, 중재, 공조, 지원, 원조
국내	○ 투명성, 일관성	○ 다양성 속 통합과 합의

한다. 국제적으로 호소력 있는 우리 외교의 역량은 경제적 성장과 물질적 능력의 강화뿐 아니라 민주주의 체제와 공정성 확보를 통해 이루어질 수 있다. 아울러 우리 국익과 우선순위에 대한 설정, 우리가 국제적으로 추구하는 가치와 규범의 실체, 외교의 실행 과정에서 초래될 잠재적 손실의 수용 방식에 대한 합의를 이룰 때만이 원칙에 기반한 안정성, 지속성, 신뢰성을 지닌 외교 정책이 가능하다.

강대국, 중견국, 약소국을 포괄하는 양자 관계 차원에서는 다양한 외교 전략을 유연성과 실용성의 원칙에 따라 수행한다. 미국과 중국 등 강대국에 대해서는 동맹, 헤징, 중재 등의 전략적 수단을 유연하게 활용하고, 중견국에 대해서는 연대성의 원칙에 따라 협력과 공조의 전략을 추진한다. 특히 미·중 간 세력 경쟁과 충돌을 거부하는 지역별 중견국과의 연대를 통해 미국과 중국이 각자의 동맹 확장을 위해 과도하게 경쟁하는 것을 완화할 필요가 있다. 약소국(개도국)에 대해서는 포용성과 공정성의 원칙에 따라 지원과 원조의 전략을 통해 강자와 약자가 공존하는 국제질서를 지향한다. 약소국에 대한 지원은 한국이 배타적이고 편협한 국익만을 추구하는 국가가 아니라 인류 공영을 추구하는 책임 있는 국가라는 인식을 확산시켜 글로벌 선도국가로서의 리더십을 발휘할 소프트파워 신장에 기여할 것이다.

다자관계 차원에서는 특정 국가와 지역을 배제하지 않고 누구나 참여할 수 있는 개방성의 원칙에 따라 지역 및 글로벌 차원에서 제반 이슈를 다루는 다자기구에 건설적으로 참여한다. 한국은 다자기구의 창출과 참여를 통해 강대국에 둘러싸인 동북아 지역에서 한국이 지닌 지정학적 취약점을 보완하고 이를 극복하는 데 활용할 수 있다. 지역 차원에서는 한반도와 동북아 문제 해결에 있어 한국 중심성을 바탕으로 우리가 주도해 나가야 하며, 다른 지역과의 연결성을 확대 강화하여 글로벌 네트워크의 허브로서의 역할을 지향해 나가야 한다. 국가, 양자, 다자, 지역 차원의 외교를 통해 우리는 호혜적 신뢰 관계를 바탕으로 한 공정하고 형평성 있는 국제질서를 지향해 나가야 한다.

글로벌 선도국가 외교가 지녀야 할 중요한 특성은 '가치와 국익의 연계'이다. 배타적인 국익 추구를 위해 글로벌 외교를 수행할 수 있을지라도 선도국가의 외교를 수행할 수는 없다. 비록 미국이 자국 이익 중심주의를 강조하고 상인적 마인드를 지닌 트럼프 2기 행정부가 들어서며 일방적인 국익 관철 시도가 더욱 노골화되더라도 한국은 여전히 국제 사회 속에서 국가적 이익을 국제적 규범과 이익 속에서 조화롭게 실현할 필요가 있다. 강대국이 가치의 중요성을 방기할 때 강대국에 대해 가치를 준거로 삼아 상대하는 것이 더 효과적일 수 있으며 글로벌 차원의 리더십을 우리가 확보할 수 있는 기회가 될 수 있다. 글로벌 선도국가로서 한국은 개방적이고 공정한 국제질서를 유지하고 약소국, 중견국, 강대국이 연대하여 공동의 이익을 실현하는 일을 주도해 나가야 한다.

2

한반도 정세

김정은 정권은 이전 김일성, 김정일 정권과 어떤 점이 다른가?

김일성, 김정일, 김정은에 이르는 북한의 3대 세습은 공산주의 진영에서도 거의 유례가 없는 일로서 북한 정권의 왕조적 성격을 보여준다. 스탈린과 마오쩌둥처럼 통치자 개인의 권력이 극대화되었던 구소련과 중국에서도 세습에 의한 권력 유지보다는 지배 집단 내에서 파벌들 사이의 경쟁과 공존을 통한 통치체제의 연장이 보다 지배적인 형태로 나타났다는 점에서 북한의 수령제 통치구조는 독특성을 지닌다.

북한의 통치체제는 신격화된 개인을 권력의 정점에 놓고 절대적인 충성과 복종을 북한 주민들에게 강제하고 내면화시키는 방식이며, 북한의 유일한 지배정당인 노동당이 국가체제를 관장하며 국정을 운영하고 군대와 사회통제 조직들이 감시와 처벌, 동원과 억압을 통해 체제 유지를 뒷받침하고 있다. 출신성분에 따라 주민들을 계급화하고 우대와 차별이 이루어지는 신분제 사회로서의 성격 역시 지니고 있다.

김정은 정권은 이러한 북한 체제의 특성을 김일성, 김정일로부터 물려받았고 지배의 방식에 있어 상당한 연속성을 보이고 있다. 그러나 이전 시대와는 다른 몇 가지 중요한 특성들이 나타나고 있다. 김일성은 항일 투쟁의 전사로 선전되었고 그의 조작된 영웅적 면모가 카리스마적 리더십의 원천이었다. 반면 군사적 경력이 거의 전무했던 김정일은 그에 대한 신격화에도 불구하고 김일성의 권위에는 미치지 못했고, 1990년대 심각해진 경제위기를 미국을 비롯한 외부 세력의 탓으로 돌리며 핵무기 개발을 통해 개인적 권위와 체제 안정성을 회복하고자 하였다. 김정일과 같은 후계자 훈련 과정을 거의 거치지 못한 김정은은 매우 어린 나이에 집권하며 권력 기반이 공고하지 못했다. 그러나 자신의 권력에 위협이 될 수 있는 인사들을 제거함과 동시에 핵무기 보유를 토대로 체제의 군사적 우월성을 선전하며 권력을 안정화하여 나갔다.

김정은 정권은 김정일 시기 경제위기로 이완된 체제를 다시 공고히 하기 위한 다양한 시도를 벌이고 있다. 김정일 시대에는 군사력의 강화를 중요시하는 선군주의를 채택하였는데, 핵무장을 통한 군사능력 확보 이후에는 군사와 경제를 병행하는 병진 정책을 거쳐 김정은 시기에는 경제 우선주의를 추구하며 체제 안정성을 도모하고 있다. 또한 김정은은 정권의 생존을 위해 아래로부터 발생한 시장화의 흐름이 공산주의 체제를 흔드는 것을 막기 위한 다양한 통제 노력을 기울임과 동시에 탈북자에 대한 감시와 처벌, 한국(남한) 문화와 외부 정보의 유입에 대한 통제를 강화하고 있다. 구체적으로 공개처형을 비롯한 처벌의 수위와 빈도를 높일 뿐만 아니라 다양한 법들을 제정하여 통치자 개인과 당의 지침 및 지시뿐만 아니라 국가 차원의 법적 제도들을 정비하여 통치의 안정성과 체제의 내구성을 추구하고 있다.

- 최경준

북한 경제는 얼마나 어려운가?
우리는 인도주의적 지원을 해야 하는가?

북한 경제는 1970년대 초반까지 한국과 비교할 때 뒤떨어지지 않았다. 북한은 남한보다 풍부한 지하자원과 전력 생산을 위한 유리한 조건에 놓여 있었고, 구소련을 비롯한 공산주의 진영의 국가들로부터 다양한 지원을 받을 수 있었다. 그러나 한국이 1960년대부터 본격적인 경제성장을 이룬 데 비해 북한은 계획경제의 내재적 모순으로 인한 경제의 비효율성이 누적되며 경제 상황이 악화되어 갔다.

1990년대 북한은 스스로 '고난의 행군' 시기라 칭하는 극심한 경제위기를 경험하였다. 이는 계획경제가 지닌 근본적인 문제에 더하여 극심한 자연재해라는 환경적 요인과 공산 진영 붕괴로 인한 외부 지원의 중단이라는 외부적 요인이 결합하여 나타난 결과이다. 국가 경제가 사실상 붕괴 상태에 이르면서 국가가 제공하는 배급이 거의 중단되었고, 기아로 인해 수십만에서 수백만 명이 사망하는 사태에까지 이르렀다.

'고난의 행군'은 북한에서 시장화 현상이 나타나는 결과를 초래하였다. 국가가 주는 배급에 더 이상 의존할 수 없는 상황에서 북한 주민들은 생존을 위해 시장(장마당)에서 무엇이든 팔아먹을 것을 마련해야 했다. 주민들의 삶을 위해 사실상 해 줄 것이 없던 북한 정권은 자본주의적 요소가 등장하는 것을 전적으로 막을 수 없었고 어쩔 수 없이 용인하는 정책을 취해야 했다. 시장화에 대한 용인과 통제, 억압과 관리를 병행하던 북한 정권의 태도 속에서 '돈주'와 같은 신흥 부자들이 등장하였고 시장은 북한 경제의 중요한 부분을 차지하고 있다.

현재 북한 경제는 과거와 비교할 때 더 좋은 상황이다. 식량 상황도 나아졌고 많은 주민이 휴대용 전화기를 갖고 있을 정도로 삶의 여건도 좋아졌다. 그러나 북한은 여전히 전 세계 빈곤국 중의 하나이다. 국제사회의 제재로 북한은 경제적으로 고립되어 있고, 해외투자의 유치와 무역을 통한 경제체제의 개혁 없이는 근본적인 문제 해결이 사실상 불가능하다. 또한 북한 주민들에 대한 인도주의적 지원이 여전히 필요하다. 북한 체제 속에 살고 있지만 이들은 분단된 우리 민족의 일원이고 국제사회의 구성원이다. 다만 우리와 국제 사회의 인도주의적 지원이 이를 필요로 하는 사람들에게 제대로 전달되고 있는가는 면밀하게 살펴보아야 한다. 잘못된 체제 속에서 살아가는 사람들을 돕기 위한 지원이 잘못된 체제를 유지하는 데 도움을 주어서는 안 되기 때문이다. 북한에 대한 인도주의적 지원이 외부 세계의 도움을 받아야만 하는 북한의 현실을 북한 주민들이 알 수 있도록 만드는 노력과 병행될 필요가 있다.

- 최경준

대북 정책에서 중국의 역할을
어떻게 설정해야 하는가?

　북한 정권의 탄생에 가장 큰 영향을 미쳤고, 냉전 시기 북한에 경제적 지원을 하였으며, 러시아-우크라이나 전쟁 이후 군사적 협력을 강화하고 있는 국가는 러시아(구소련)이다. 그러나 오늘날 북한에 대해 가장 많은 영향력을 미치고 있고 앞으로도 그럴 가능성이 가장 높은 나라를 꼽으라면 단연 중국을 지목할 수 있다. 중국은 한국전쟁에 직접 자국 군대를 파병하여 패전 위기에 놓인 북한 정권을 구원하였고, 전후 복구를 도왔으며, 이후 북한과 소위 '혈맹관계'를 맺으며 긴밀한 협력 관계를 유지하고 있다. 핵개발로 인해 국제 사회의 제재를 받으면서도 북한이 생존할 수 있는 것도 중국과의 교역과 중국으로부터의 지원에서 찾을 수 있다.

　물론 북한에 대한 중국의 영향력을 과대평가해서는 안 된다. 북한은 중국식의 경제개방 모델을 받아들일 것을 중국으로부터 권유받았으나 여전히 북한식 사회주의와 폐쇄적 경제체제를 유지하고 있다. 중국 역시 자국의 북한에 대한 영향력을 과대평가하여 마치 '큰 형님(빅브라더)'인 중국이 명령하면 북한이 이를 따를 수밖에 없는 것처럼 인식되는 것에 부담감을 느끼고 있다. 중국은 북한의 핵개발에 대해 부정적 입장을 보였고 6자회담에 참석하여 북핵 문제 해결을 위한 다자간 노력에 참여했

음에도 불구하고 결과적으로 북한의 핵개발과 보유를 막지 못했다.

그러나 국제적으로 고립된 북한에게 가장 가까운 국가가 중국인 것은 분명하고, 김일성부터 김정일을 거쳐 김정은에 이르기까지 북한 최고 지도자가 가장 빈번하게 방문한 국가가 중국인 것에서 알 수 있듯 안보, 경제, 최고 지도자의 친교 영역에서 북한과 중국은 특수 관계를 형성하고 있다.

따라서 한국의 대북 정책에서 중국의 역할은 필수적으로 고려되어야 한다. 한국이 미국과 함께 대북 강경노선을 취한다면 미국의 영향력을 견제하고 북한을 완충지대로 삼으려는 중국은 북한에 대한 지지와 지원을 더욱 강화할 것이다. 남북한 협력과 북한의 체제 변화를 통한 점진적인 통일을 지향하는 정책의 실행을 위해서도 중국의 역할은 필요하다. 북한의 경제개혁 방식에 중국식 모델이 북한에 의해 고려될 수 있고 해외투자를 강화해 온 중국이 북한 경제에 투자하여 북한의 경제개혁을 이끄는 데 역할을 담당할 수 있을 것이다.

한국과 중국의 양자 관계 발전도 우리의 대북 정책을 위한 지렛대로 활용될 수 있다. 중국이 한국을 북한보다 훨씬 중요한 국가이고 한국과의 협력적 관계를 통해 얻을 수 있는 것이 많다는 것을 인식할수록 국제사회의 고립된 '문제아'로 취급되는 북한과의 친밀한 관계가 중국에게는 더욱 부담으로 작용할 것이며 남북한 사이의 협력적 관계를 선호하게 될 것이다.

- 최경준

북한이 붕괴하면 무슨 일이 일어날까?

북한이 붕괴하는 상황에는 다양한 시나리오가 존재한다. 예컨대 남북한 간 전쟁이 발발하거나, 북한을 미국 세력과의 완충지대로 인식하는 중국이 군대를 투입해 국제전이 펼쳐질 수도 있다. 다만 이 글에서는 이러한 전쟁 가능성은 일단 제외하고, 북한이 붕괴했을 때의 상황을 크게 두 가지로 가정해 살펴보고자 한다. 첫째, 한국이 복지국가로 분류될 정도로 빈부격차가 크지 않고 산업 경쟁력도 높은 상태에서 북한이 붕괴하는 경우이고, 둘째, 빈부격차와 불합리가 만연하고 산업 경쟁력도 주변국에 비해 뒤처진 상태에서 북한이 붕괴하는 경우이다.

우선 한국이 안정적인 복지제도와 낮은 빈부격차, 그리고 높은 산업 경쟁력을 갖춘 상태에서 북한이 붕괴한다면 통일 혹은 통합 과정은 비교적 원활하게 진행될 가능성이 높다. 무엇보다 남한 내부의 경제·사회적 기반이 견고하므로 북한 주민의 대규모 유입에 따른 초기 혼란을 비교적 효과적으로 관리할 수 있을 것이다. 예컨대 안정된 사회 안전망을 통해 의료, 교육, 주거 등 기초 복지 서비스를 북한 주민들에게 빠르게 제공함으로써 불만이나 갈등을 최소화할 수 있다. 이러한 제도적 장치는 남북 주민 간 '상대적 박탈감'이나 문화적 충돌을 완화하는 데에도 기여할 것이다. 또한 남한이 보유한 높은 산업 경쟁력은 북한 지역의 인프라와 인적 자원을 효과적으로 개발·활용하여 새로운 성장 동력을 창출할 수 있음을 의미한다. 북한은 광물 자원과 농업 부문 등에서 잠재력을 지니고 있으므로 남한의 기술·자본과 결합한다면 상당한 시너지를 기대해볼 수 있다. 게다가 기존의 제조업 강점을 북한 지역에 이전하고 IT·바이오·재생에너지 등 미래 산업을 확장한다면 통일 후 경제 도약에 한층 탄력이 붙을 것이다.

한편 한국 내 빈부격차가 크고 불평등과 불합리가 만연한 상태로 산업 경쟁력까지 하락한 상황에서 북한이 갑작스럽게 붕괴한다면 통일 혹은 통합의 충격은 훨씬 크게 다가올 수 있다. 먼저 사회 내부에 이미 축적된 갈등이 북한 주민의 유입과 함께 더욱 증폭될 가능성이 높다. 의료, 교육, 주거 등 기초 복지제도가 충분하지 않다면 새롭게 편입되는 북한 주민들에게 적절한 지원을 제공하기 어려워진다. 이는 사회적 불만과 혼란을 가중시키는 동시에 남북 주민 간 상호 불신과 반감을 심화시킬 수 있다. 또한 산업 경쟁력이 떨어진 상태라면 통일 과정에서 막대한 재원을 투입해야 함에도 불구하고 이를 회수하거나 새로운 성장 동력을 창출하기가 쉽지 않다. 북한 지역의 자원과 인력을 활용하려 해도, 이미 국내 기업들이 경쟁력을 잃어 해외 시장에서 어려움을 겪고 있다면, 대규모 투자와 기술 이전을 추진하기조차 힘들어질 것이다. 더욱이 남북 통합 과정에서 한국 경제가 일시적으로라도 큰 부담을 지게 되면 재정 적자와 사회 갈등이 한층 심화할 가능성이 존재한다.

이러한 시나리오는 북한이 갑자기 붕괴할 경우를 대비하기 위해서라도 한국이 하루빨리 복지국가 수준의 낮은 빈부격차 및 높은 산업 경쟁력을 갖추는 것이 필요함을 보여준다. 북한의 급격한 붕괴에도 한국이 충분한 복지국가가 되어 있고 또한 새로운 부가가치를 공정하게 분배한다면 남북 간 경제 격차와 사회적 갈등을 더욱 효과적으로 완화할 수 있다. 물론 북한 주민들의 이질적 사고방식, 군사·안보 영역에서의 불안정성 같은 구조적 도전도 남아 있다. 그러나 한국이 축적해온 복지·산업 역량을 바탕으로 이를 관리할 수 있다면 결과적으로 한반도 전체가 비교적 안정된 통합 과정과 함께 새로운 번영의 길을 열어갈 수 있을 것이다.

- 최용섭

역대 정부의 대북 정책에서
극명한 차이가 나타나는 이유는?

한국 정부의 대북 정책은 화해협력과 적대 정책 사이를 오가며, 어느 정당이 집권하느냐에 따라 극명한 차이를 보였다. 그 이유는 대북 정책이 현재 한국 사회에서 벌어지는 헤게모니 투쟁과 직접적으로 연결되어 있기 때문이다.

한국의 기존 헤게모니 그룹은 보수 정치인, 보수 언론, 재벌 등으로 구성되어 있다. 이들은 해방 직후 미군정 시기부터 사회의 주도권을 잡았고, 이승만 정부와 박정희 정부를 거치며 하나의 헤게모니 그룹으로서 자리를 굳혔다. 이들의 이데올로기는 반공주의(anti-Communism)이며, 이를 통해 반대 세력을 제압하고 자신들의 이익을 극대화해왔다. 보수 정부의 대북 정책은 북한을 없애거나 흡수해야 할 적으로 상정하기 때문에 매우 적대적이다. 이들이 보기에 대북 화해 정책을 내세우는 세력은 순진하여 북한에게 이용당하거나 북한의 스파이로 남한 체제를 뒤엎으려 하는 자들이다.

기존 헤게모니 그룹에 맞서는 주요 대항 세력으로는 자유주의적 민족주의자(liberal nationalists), 독립지향 민족주의자(independence nationalists), 그리고 노동운동가(labor activists)를 들 수 있다. 자유주의적 민족주의자와 독립지향 민족주의자 모두 한반도 통일을 지향하지만, 전자는 미국 등 국제 사회의 도움 아래 자유주의적 방식으로 화해 협력을 추진하면서 통일을 이루려 하는 반면에 후자는 외세의 간섭 없이 북한과 직접 협상하는 방식으로 통일을 추구한다. 한편 노동운동가는 노동자 민중의 관점에서 노동운동을 실천하고자 한다. 이들 중 가장 큰 세력은 자유주의적 민족주의자들이며, 현재 민주당이 이 그룹에 속한다. 다만 현 민주당은 한반도 평화와 남북한 화해협력에 보다 큰 가중치를 두고 있다.

박정희 시대에 공고해진 기존 헤게모니 그룹은 1990년대 후반 경제위기와 정권교체로 큰 위기를 맞았다. 이후 한국은 기존 헤게모니 그룹과 자유주의적 민족주의자 그룹 어느 쪽도 헤게모니를 확고히 장악하지 못한 채 이른바 '남남갈등'이라 불리는 치열한 헤게모니 투쟁을 벌이고 있다.

- 최용섭

왜 극우는 대북 화해정책을 '퍼주기'라고 비난하는가?

　한국의 극우세력은 민주당 정부에서 북한에 '퍼주기'를 했다고 비난하고 있지만, 그러한 비난 자체가 국제관계 학문에 대한 이론적 기초가 결여되었음을 보여준다. 민주당의 대북 정책은 탄탄한 이론적 및 경험적 근거를 바탕으로 하는 정책으로 자유주의에 기반하고 있으며, 보다 구체적으로 기능주의적(functionalist) 접근 방식을 택하고 있다.

　자유주의 시각은 국가 간 협력이 자신만의 이익을 추구하는 것이 아닌 서로 이익을 주고받을 수 있다는 가정에 기반한다. 이를 위해서는 국가 간 상호 신뢰를 구축하기 위한 제도와 규범이 필요하며, 구체적으로 조약이나 협정, 국제기구 등의 장치가 그 역할을 담당하게 된다. 민주당 정부가 남북 간 경제·문화 교류, 인도주의적 지원 등을 추진하면서 공식 합의를 도출해 온 것은 바로 이 같은 자유주의적 메커니즘을 통해 갈등 완화와 평화 체제 구축을 추구하기 때문이다.

　기능주의는 자유주의적 접근 방식 가운데서도 "비정치적·기술적 분야에서의 실용적 협력을 통해 정치·군사 영역으로 협력을 확산한다"는 아이디어를 핵심으로 한다. 이 이론에 따르면, 경제·사회·문화·체육 등 비교적 갈등이 적은 분야에서 협력을 시작해 상호 간 긍정적 경험을 쌓으면 그 동력이 정치·외교·안보 등 민감한 영역으로도 옮겨 갈 수 있다는 것이다. 실제로 민주당 정부는 남북 간 '경제 협력'(개성공단 등), '문화 교류'(금강산 관광, 체육 교류 등), '인도주의 사업'(이산가족 상봉 등)에 집중해 왔는데, 이는 작은 성공을 거듭 쌓아 올림으로써 북한과의 신뢰를 누적하고, 궁극적으로 한반도의 안보 위협을 낮춰 평화를 공고히 하려는 기능주의적 구상에 부합한다.

정리하면, 민주당 정부의 대북 화해 협력 정책은 자유주의가 제시하는 "국가 간 상호이익과 제도화된 협력"이라는 이론적 기반을 토대로 구체적인 접근방식으로 기능주의의 "비정치적 영역에서 점진적으로 출발해 정치·군사적 난관을 극복한다"는 전략을 활용하고 있다고 하겠다. 그리고 이를 통해 남북문제를 이념 대결이나 군사적 충돌의 관점이 아니라 상호 협력과 교류의 틀 안에서 풀어가고자 시도한다. 비록 북한의 도발이나 국제정치적 제약, 국내 여론의 양극화 등이 정책 추진에 걸림돌로 작용하기도 하지만, 한국 정부가 자유주의 논리에 기초한 협력을 지속적으로 모색하는 것이 한반도 평화와 공동 번영에 반드시 필요하다고 인식하고 있다.

- 최용섭

북한 인권, 무엇이 문제인가?
그 해결 방안은?

북한 인권 문제는 오랫동안 국제사회에서 심각하게 다루어져 왔으나, 정작 한국 내부에서는 이념과 정치적 계산에 좌우되어 제대로 해결책을 찾지 못했다. 남북 화해·협력을 강조하는 측은 '협력의 분위기를 해칠 수 있다'는 이유로 북한 체제 비판을 자제하려 하고, 반면 북한을 비판하는 쪽은 '북한 인권'을 체제 붕괴론이나 정치적 공세의 수단으로 활용해왔다. 문제는 이러한 대립 구도 속에서 실제로 인권을 보장받아야 할 북한 주민들과 탈북민들이 제대로 된 관심과 보호를 받지 못한다는 사실이다.

여러 국제 인권기구와 유엔 북한인권조사위원회의 보고서를 살펴보면 정치범수용소, 고문, 강제노동, 일상적 사상 통제 등 북한 내부에서 벌어지는 극심한 인권 침해의 양상은 명확하다. 그러나 북한 정권은 이를 내정 간섭으로 규정하며 외부의 지적을 거부한다. 한국에서도 북한 인권을 언급할 때마다 '북한 정권을 압박하려는 의도' 혹은 '남북 간 대화와 교류의 장애물'이라는 프레임이 먼저 등장해, 정작 주민들의 삶을 개선하기 위한 진지한 대책 논의는 뒷전으로 밀린다.

탈북민에 대한 시선 역시 문제다. 남한에 정착한 탈북민은 국정원 조사와 하나원 교육을 거치지만, 이 과정에서 '이중 스파이'로 의심받거나 필요 이상으로 통제받는다고 느끼는 경우가 있다. 또한 일부 탈북민의 경험과 증언만이 부각되어, '북한 체제 비판에 유용한' 내용이 아니면 별다른 주목을 받지 못한다. 이런 현실은 북한 인권 문제가 한쪽의 일방적 주장이나 흥미 위주 보도로 소비되기 쉬운 환경을 만든다.

그렇다면 우리는 어떻게 이 문제를 풀어갈 수 있을까. 우선 북한 인권을 이념·정치적 공격의 도구로만 삼는 관행에서 벗어나야 한다. 국제사회가 확인한 조직적 인권 침해 사례를 토대로, 북한 정권에 지속적으로 개선을 요구하는 동시에, 국내 탈북민에 대한 실질적 지원과 보호 체계를 더욱 정교하게 다듬어야 한다. 생존권에 직결되는 식량과 의약품 지원은 엄격한 모니터링과 함께 꾸준히 이어져야 하며, 인권 침해 사례가 적발될 경우 이를 국제사회와 공유해 북한 당국이 더 이상 부인하지 못하도록 해야 한다.

또한 '북한 인권'을 한반도 전체로 확장해, 남·북 어디에 있든 북한에서 태어난 사람들이라면 누구나 기본권을 누릴 수 있도록 법·제도를 보강할 필요가 있다. 탈북민 지원법뿐 아니라 북한 인권법 자체에서도 국내 거주 탈북민을 명시적으로 포괄해, 편견과 차별을 줄이고 정착을 돕는 다양한 정책을 마련해야 할 것이다. 결국 핵심은 진영 논리를 떠나, 북한 주민과 탈북민의 인간적 권리에 주목하는 것이다. 이것이야말로 북한 인권 문제를 진정으로 해결하는 길이다. 아울러, 북한 인권 문제를 빌미로 남북 간의 긴장완화를 반대하거나 색깔론으로 공격하는 것도 인권문제의 본질을 벗어나는 것이다. 북한의 개혁개방이 종국적으로 북한 인권 개선을 확실하게 보장하는 방법이 될 것이다.

- 전수미

한국 주도의 한반도 비핵화와
국제 사회 간 연계가 가능한가?

핵무기는 제2차 세계대전 말 미국이 일본을 상대로 최초 사용하여 전쟁을 종결시킨 이후 지금까지 한 번도 사용된 적 없지만 언제든 사용될 수 있는 현존하는 무기이다. 공식적인 5개 핵무기 보유국(미국, 중국, 러시아, 프랑스, 영국) 외에도 북한을 비롯하여 여러 국가들이 사실상 핵무기를 보유하고 있다. 핵 보유국들은 핵무기가 지닌 가공할 파괴력과 이로 인한 전 지구적 파멸 가능성을 우려하며 각국이 보유한 핵무기의 숫자를 제한하고 다른 국가들이 핵무기 개발을 통해 핵보유국이 되는 '핵확산'을 막기 위한 노력을 기울여 왔다.

냉전기 미·소 진영의 최전선 중 하나였던 한반도에는 주한미군에 의해 다양한 형태의 전술 핵무기가 배치되어 있었다. 그러나 사회주의 진영의 몰락과 탈냉전 시대로 접어들면서 1991년 미국은 주한미군 배치 전술핵을 모두 철수시켰다. 남북한은 1991년 한반도 핵 문제를 협의하기 위한 남북 고위급회담을 갖고 '한반도 비핵화에 관한 공동선언'(1991년 12월 31일 채택, 1992년 2월 19일 발효)을 발표하였다. 그러나 북한은 비핵화에 대한 합의에도 불구하고 지속적으로 핵무기와 발사체를 개발하여 한반도와 동아시아뿐만 아니라 전 세계적인 안보 불안을 초래해 왔다.

북한의 핵 개발은 한국, 일본, 미국 등을 핵 위협에 노출시킬 뿐만 아니라 핵확산을 막기 위한 국제사회의 노력에도 심각한 위협을 가하고 있다. 핵무기 미보유국인 한국과 일본이 이에 대응하여 자체 핵무기 개발과 핵무장을 한다면 북한의 핵무기 보유를 정당화시킬 뿐만 아니라 동아시아를 넘어 전 세계적으로 핵 위협의 상승 확대라는 결과를 초래할 수 있다. 지금까지 국제사회의 제재와 압력으로 핵무기 개발을 포기했던 국가들도 핵무기 개발의 명분을 얻을 것이며, 이에 따라 전 지구적인 핵개발과 핵확산이 이루어질 가능성이 크다. 한반도 비핵화를 선언하고 자체 핵을 보유하거나 타국의 핵을 비치하지 않고 북한의 핵 개발을 막기 위한 노력을 기울여 온 한국은 국제 사회와 공동 대응하며 한반도 비핵화를 주도해 나갈 필요와 조건을 갖추고 있다.

핵확산을 우려하는 기존 핵보유국들뿐만 아니라 핵무기 사용으로 인한 직접적인 위협에 노출된 지역 및 국가들이 한반도 비핵화를 위한 공조에 참여할 수 있다. 나토(NATO) 회원국인 노르웨이는 자국 영토 내 핵무기 반입과 배치를 제한하는 원칙을 내걸었으며, 최근 NATO에 가입한 핀란드는 국내법상 핵무기의 수입, 생산, 저장, 폭파 등을 금지하고 있다. 미국과 중국 등 핵보유국들에 둘러싸여 있고 미국의 핵 자산이 동남아 지역을 통과하는 것을 우려하는 동남아의 아세안(ASEAN) 국가들은 1995년 '동남아비핵지대조약'을 체결하였다. 이들 '중간국가'들은 한국 주도의 한반도 비핵화를 위한 주요 협력 파트너가 될 수 있다.

- 최경준

북한 핵은 되돌릴 수 없는가?

핵무기는 인간이 만든 모든 무기 중에서 가장 강력하고 끔찍한 무기이다. 핵무기 한 방으로 전쟁의 승패를 좌우할 수 있다는 것은 제2차 세계대전 당시 일본의 사례를 통해 확인되었다. 그러나 그 이후로 핵무기는 한 번도 실전에 사용된 적이 없다. 오히려 핵무기의 윤리적 환경적 문제에 대한 비판이 커져 가면서 핵무기를 규제하고 금기시하려는 국제적 합의가 이루어져 왔다.

역설적으로 핵무기는 그 가공할 위력 때문에 오히려 실전 사용 가능성에 대한 의문이 제기되어 왔다. 핵무기의 파괴력으로 인한 살상력 때문에 핵무기를 사용하는 당사자가 오히려 사용에 부담을 느끼게 되는 것이다. 이에 더해서 현재의 핵레짐에서는 핵무기를 보유한 국가들 사이에 일정한 견제와 균형이 작동하고 있기 때문에 어느 일방이 핵무기를 사용하면 다른 핵보유국으로부터 핵보복을 당할 우려가 있다. 이를 핵억제라고 한다. 즉, 한 나라가 핵무기를 사용하는 순간 그 국가는 핵보복을 각오해야 하는 것이다. 따라서 핵무기는 극단적 상황이 아니면 사용할 수 없는 무기가 된다.

이러한 이유로 핵무기를 오히려 방어무기로 간주하는 시각이 우세하다. 핵으로 선제타격을 하는 것은 보복의 우려가 있기 때문에 무모한 짓이고,

대신 선제공격을 받았을 때 그 반격으로 핵무기를 사용할 수 있다는 것이다. 따라서 핵무기를 가진 국가는 다른 국가로부터 공격을 받을 확률이 극단적으로 낮아지게 된다. 이러한 점을 고려하여 일부 학자들은 모든 국가가 핵을 보유하면 어느 국가도 다른 국가를 침략할 수 없기 때문에 모든 국가에 대한 핵확산이 가장 바람직하다고 주장하기도 한다.

북한의 핵개발은 초기에는 단순한 군사적 우위를 노린 것이었을 것이다. 그러나 2000년대 이후 핵개발은 남한에 비해서 현저하게 뒤처진 국력을 감안하면 생존 그 자체를 위한 것이 되었다. 군사력을 포함한 모든 면에서 현저하게 열등한 북한의 입장에서 핵무기가 없다면 체제의 생존을 장담할 수 없다고 여겼을 것이다. 따라서 북한 입장에서 독재체제의 생존을 보장할 수 있는 대안이 없는 한 비핵화는 절대로 받아들이지 않을 것이다.

우리 사회 일각에서 북한을 압박하면 핵을 포기하게 만들 수 있다고 주장하지만, 이는 현실적으로 달성하기 쉽지 않음이 확인되고 있다. 북한 정권은 체제가 위협을 받을수록 더욱 핵무기 개발에 매달려 왔다. 핵무기가 그들의 유일한 생존수단이기 때문이다. 거꾸로 생각해 보자. 북한이 우리보다 압도적으로 국력이 강하고 우리가 핵무기를 보유하고 있다면, 과연 우리는 핵무기를 포기할 수 있을까?

따라서 북한이 핵무기를 포기하게 하는 유일한 방안은 그들의 체제가 보장될 것이라고 믿게 만드는 것뿐이다. 현재 국제 사회에서 북한의 체제를 보장해 줄 수 있는 나라는 미국뿐이다. 그래서 북미 간의 대화가 중요한 것이다.

- 정한범

우리도 핵무장을 해야 하는가?

이 질문에 대한 대답은 많은 고민을 하게 한다. 따라서 답도 사실 매우 다층적이고 복합적일 수밖에 없다. 첫째, 자연인의 입장에서 핵무기는 윤리적으로 매우 비난받을 대상이다. 둘째, 보편적 현실 국가 국민의 입장에서 보면 핵무기를 보유하는 것이 국가의 위상 제고와 국가 안보에 이익이다. 우리가 핵을 보유하게 되면 어느 국가도 우리로부터의 핵보복을 우려해서 우리를 공격할 수 없을 것이다. 셋째, 현재 국제정세를 고려한 한국인의 관점에서는 핵무장을 하는 것은 한국의 외교·안보적 관점에서 바람직한 선택이 아니다.

현재 대한민국이 핵무기를 보유하는 것이 바람직하지 않은 이유는 다음과 같다. 첫째, 한국의 핵무장은 북한의 핵무장을 합리화시켜 줄 것이다. 더 이상 북한의 비핵화를 요구할 명분이 사라지는 것이다. 둘째, 남북한의 핵무장으로 전쟁이 일어난다면 좁은 한반도를 기반으로 하는 한민족은 절멸에 가까운 피해를 입게 될 것이다. 핵무기를 보유하는 위험을 감수하기보다는 비핵화를 추구하는 것이 민족의 보존을 위해서 바람직하다. 셋째, 한국의 핵개발은 주변국을 자극할 것이다. 이미 핵을 보유하고 있는 지역 강국 중국의 압박과 견제에 시달리게 될 것이고, 우리와 비슷한 처지에 있는 일본과 대만의 핵무장을 촉진해서 지역에 핵도미노 현상이 일어나게 될지도 모른다. 넷째, 핵무장은 현재 국제 사회의 '비확산'이라는 핵규범을 정면으로 위배하게 되고, 당연히 국제 사회의 가종 제재에 지면하게 될 것이다. 당장 해외에서 우리나라에 핵물질인 우라늄을 수출하지 않으면 우리의 핵발전소들은 모두 가동을 멈춰야만 한다. 이 밖에도 다양한 제재로 인해 국민의 경제적 피해가 발생하게 될 것이다.

그럼에도 불구하고 예외가 있다. 현재 북한을 포함한 주변 핵보유국의 위협으로부터 한국의 안전을 보장하고 있는 미국의 '확장억제'가 제대로 작동하지 않는다면 한국은 자체 핵무장을 주장할 수 있다. 확장억제는 한 나라의 핵억제 능력과 정책을 다른 나라까지 확장하는 것을 의미하며, 핵억제는 다른 나라의 핵공격에 대해 보복할 수 있는 핵무기를 보유함으로써 다른 나라의 핵공격을 단념시키는 것을 의미한다. 이러한 억제 능력을 자국의 안보에만 국한하지 않고 동맹국이나 파트너 국가에까지 제공하는 것을 확장억제 또는 핵우산이라고 부른다.

미국의 트럼프 대통령은 지난 1기 집권 때부터 미국이 부자 나라 한국에 미군을 주둔하거나 안보를 제공하는 것이 부당하다고 주장해 왔다. 심지어는 주한미군을 철수하고 한국과 일본이 핵무장을 하도록 해야 한다고 주장하기도 했다. 트럼프의 이러한 기조는 2기 행정부에서도 바뀌지 않을 것으로 예상된다. 그렇다면 우리도 핵무장이 필요한 상황이 올수도 있다. 우리의 생존이 위협을 받는다면 미국과의 협상을 위해서라도 핵무장을 주장할 수 있다.

- 정한범

한국 사회의 갈등은 남북관계와
어떻게 맞물려 있는가?

한국 사회에서 남북관계는 단순히 외교나 안보 문제를 넘어 내부의 정치적·사회적 갈등을 증폭시키는 중요한 요인으로 작용해 왔다. 특히 대북 정책은 한국 사회의 이념적 대립을 심화시키며, 정치적 분열과 사회적 양극화를 부추기는 배경이 되고 있다. 이러한 현상은 남북관계가 변화할 때마다 더욱 두드러지며, 정권 교체 시 대북 정책이 급격히 변화하는 결과를 낳는다. 이는 단순한 정책적 논쟁을 넘어 사회 전반에 걸쳐 이념적 갈등을 촉진하는 구조적 문제로 이어지고 있다.

보수와 진보는 북한에 대한 인식에서 뚜렷한 차이를 보인다. 보수는 반공주의를 기반으로 북한을 위협으로 간주하며 강경한 대북 정책을 지지한다. 이들은 북한의 체제를 약화시키는 것이 한반도 안보를 지키는 핵심이라고 믿으며, 화해와 협력 정책을 '북한에 대한 무분별한 양보'로 간주해 비판한다. 반면 진보는 대화를 통해 긴장을 완화하고 경제적 상호의존성을 강화하여 한반도 안정과 번영의 길로 나아가야 한다고 주장한다. 이러한 시각차는 남북관계의 변화에 따라 격화되며, 대북 정책이 정치적 동원의 수단으로 활용되면서 사회 내부의 분열은 더욱 심화된다.

경제적 측면에서도 남북관계는 사회적 갈등을 확대하는 요인이 된다.

남북 경제 협력은 새로운 경제적 기회를 제공할 가능성을 가지고 있지만, 이를 둘러싼 의견 차이는 국민적 합의를 어렵게 만든다. 보수는 경협이 북한 체제를 강화하고 군사적 도발을 지원한다고 우려하며 반대하는 반면 진보는 경협을 한반도 안정과 번영의 필수적인 단계로 본다. 이러한 논쟁은 정책의 일관성을 저해하고 남북문제가 사회적 분열을 심화시키는 도구로 전락하게 만든다.

그러나 남북관계는 한국 사회의 갈등을 완화할 잠재력도 가지고 있다. 경제적 협력을 통해 남북 모두가 실질적인 이익을 얻고 공동 번영의 가치를 국민이 체감 한다면 대북 정책을 둘러싼 논쟁은 점차 약화될 수 있다. 신뢰가 구축되고 교류가 확대되면 한반도의 안보와 경제를 둘러싼 불확실성이 줄어들고 사회적 통합의 기회가 열릴 것이다. 이를 위해서는 대북 정책을 정치적 목적으로 이용하기보다는 장기적이고 실용적인 관점에서 접근해야 한다.

이재명의 외교·안보는 남북협력을 한국 사회 내부 갈등을 완화하고 통합을 촉진하는 중요한 열쇠로 보고 있다. 그는 협력과 경제가 선순환하는 구조를 통해 남북 간 협력이 양측 모두에 실질적 이익을 제공하며, 국민이 체감할 수 있는 남북협력의 가치를 실현해야 한다고 강조한다. 경제협력이 국민의 삶의 질을 개선하고, 새로운 일자리와 기회를 창출하면 남북문제는 더 이상 사회적 갈등을 증폭시키는 소재가 되지 않을 것이다. 이러한 접근은 진영 간 대립을 완화하고, 한국 사회의 통합을 위한 기반을 마련할 수 있다.

남북관계는 단순한 외교적 과제가 아니라 한국 사회의 내부 갈등 구조와 밀접히 연결된 문제이다. 이를 적절히 관리하고 협력으로 전환한다면, 한국 사회의 통합과 미래 비전의 초석이 될 수 있다. 남북문제가 이념적 대립을 넘어 협력과 신뢰의 상징으로 자리잡을 때, 비로소 한국 사회는 갈등을 넘어 새로운 길을 열어갈 수 있을 것이다.

- 최용섭

왜 기존 경협모델은 더 이상 환영받지 못하는가?

2000년대 초 김대중 정부 시기부터 본격화된 남북 경제협력(남북경협)은 한반도 평화 정착과 긴장 완화를 위한 중요한 도구로 여겨져 왔다. 그러나 시간이 흐르며 기존 경협모델은 여러 한계를 드러냈고, 더 이상 효과적인 방식으로 인정받지 못하고 있다. 정부 주도의 경직된 운영과 경제적 실효성 부족이 주된 원인으로 지적된다. 남북경협이 정치적 상징성을 넘어 실질적인 경제협력으로 자리 잡기 위해서는 기존 방식을 냉철히 평가하고 새로운 접근 방안을 모색해야 한다.

기존 경협모델의 가장 큰 한계는 정부 중심의 경직된 운영 방식이었다. 경제적 논리보다는 민족적 당위성을 강조하며 추진된 경협은 민간의 자율성을 크게 제한했다. 개성공단과 금강산 관광 같은 대표적 사업들은 정부 주도로 이루어졌으며, 북한 역시 체제 보존에 대한 우려로 협력 대상을 제한하고 사업 지역을 특정 구역으로 국한하는 '모기장 정책'을 유지했다. 이러한 구조적 제약은 경협의 확장성과 지속 가능성을 크게 제한하며, 남북경협이 기대만큼의 성과를 내지 못하는 결과를 초래했다.

경제적 실효성 부족도 기존 모델의 치명적인 약점으로 꼽힌다. 2006년 기준, 남북경협이 북한 대외무역에서 차지한 비중은 31%에 달했으나 한국 대외무역에서는 0.0002%에 불과했다. 협력 사업에 참여한 기업 수가 적었고 경제적 혜택이 소수 기업에만 집중되면서 국민 대다수는 이를 체감하지 못했다. 경협이 상호 호혜저 협력으로 자리 잡지 못하고 특정 계층에 국한된 이익으로 인식됨에 따라 보수층을 중심으로 부정적 여론이 확산하는 결과를 낳았다.

이재명의 외교·안보는 이러한 기존 경협모델의 한계를 넘어 새로운 접근 방식으로 남북경협과 안보 협력의 선순환 체제를 구상한다. 구체적으로 경제 협력과 안보 협력이 유기적으로 결합된 구조를 통해 남북 간 상호 의존성을 강화하고, 이를 기반으로 신뢰를 구축해야 한다고 강조한다. 이러한 체제는 단순히 경제적 이익을 공유하는 데 그치지 않고, 군사적 긴장을 완화하고 지속 가능한 체제를 만드는 데 초점을 맞춘다. 기존의 정부 주도적 모델에서 벗어나 민간 주도의 참여와 혁신을 강조하며, 이를 통해 더 많은 기업과 개인이 쉽게 참여할 수 있는 경제 협력의 문을 열어야 한다고 주장한다.

이러한 맥락에서, 새로운 경협모델로 B2B 플랫폼을 활용하는 방안을 고려할 수 있다. B2B 플랫폼은 (한반도 각지의) 남북한 기업들이 디지털 공간에서 직접 연결되어 상품과 서비스를 거래할 수 있도록 지원하는 시스템이다. 이는 이재명이 강조한 민간 주도의 참여와 혁신을 실현할 수 있는 구체적인 방안으로, 중소기업과 개인도 쉽게 경협에 참여할 수 있는 길을 열어준다. 예를 들어, 남한의 스타트업이 북한의 제조업체와 협력해 생산비를 절감하고 경쟁력을 강화하는 방식이 가능하다. 또한, 플랫폼은 에스크로 결제 시스템과 데이터 기록을 통해 거래의 안정성과 투명성을 보장하며, 경협의 파급효과를 높이는 데 기여할 수 있다.

기존 경협모델의 저조한 성과는 한반도 안정과 공동 번영을 위한 새로운 접근의 필요성을 더욱 부각시킨다. 정부 중심의 경직된 구조와 경제적 실효성 부족을 넘어서는 혁신적 모델은 민간 중심의 참여와 상호 호혜적 협력에 기반해야 한다. 이러한 변화는 남북한 모두에 실질적인 이익을 제공하며, 신뢰를 기반으로 한 한반도 안정을 구축하는 토대를 마련할 것이다. 나아가, 경제 협력과 안보 협력의 선순환 구조를 통해 남북 관계는 한반도를 넘어 동북아시아의 안정과 공동 번영을 이끄는 중요한 전환점을 맞이할 수 있을 것이다.

- 최용섭

3

한반도와 미국

미·중 경쟁을 어떻게 인식할 것이며, 우리는 어떠한 입장을 취해야 하나?

　미·중 경쟁은 현대 국제정치와 경제에서 중요한 이슈이다. 미국은 한국의 중요한 동맹이고, 중국은 한국과 지리적, 역사적, 경제적으로 매우 긴밀하게 연결되어 있는 이웃 국가이다. 이러한 측면에서 미·중 경쟁이 우리의 외교·안보뿐만 아니라 경제에 미칠 영향은 지대하다고 할 수 있다.

　먼저 미·중 경쟁의 경제적 측면에서 볼 때, 두 국가의 무역 분쟁, 기술 경쟁, 공급망 문제 등은 세계 경제의 흐름을 바꿀 수 있고 특히 한국과 같은 중견국들은 이 경쟁에 민감하기에 적극적으로 대응할 필요가 있다. 특히 미·중 간 기술 패권 경쟁에서 중국은 5G, 반도체, AI 등 첨단기술 분야에서 미국을 추격하거나 대체하려는 의지를 보이고 있으며, 미국은 이에 대응해 기술 제재와 차단 정책을 강화하고 있다. 이 경쟁은 한국 기업에도 큰 도전 과제가 되고 있다. 아울러 미·중 간 관세 전쟁과 공급망 문제는 한국을 포함한 다른 국가들의 경제에 영향을 미친다. 미국의 중국에 대한 고율의 관세 부과, 중국의 미국 제품에 대한 보복 등도 한국 경제에 큰 영향을 미칠 수 있다.

　미·중 경쟁은 단순히 경제적 경쟁을 넘어서 정치적, 군사적 경쟁으로 확장되는 추세이다. 미국과 중국은 각자 자신이 추구하는 세계 질서를 가지고 있으며, 미국은 자유주의적 세계 질서를 지지하는 반면 중국은 자국의 이익을 우선시하는 독자적인 질서를 추구한다. 특히 대만 문제와 남중국해 문제는 미·중 간 안보 갈등을 부각시키고 있다. 이에 한국은 안보적 측면에서도 미·중 사이에서 중요한 역할을 해야 할 시점을 맞이하고 있다.

미·중 경쟁은 아시아 지역, 특히 동아시아에서 큰 영향력을 발휘한다. 한국은 미·중 경쟁에서 중요한 중립적 역할을 할 수 있지만 동시에 양국의 압박을 받을 수 있다. 한국은 중국과의 경제적 의존도가 높고 미국과의 안보적 협력도 중요하기에 두 국가 간의 균형을 맞추는 데 어려움을 겪을 수밖에 없다. 이러한 상황은 우리의 국익을 최우선으로 하되, 역내 평화와 안정을 유지할 수 있도록 적극적이며 현명한 외교·안보 전략을 요구하고 있다. 미·중 경쟁 속에서 한국은 중립적이고 협력적인 다자주의적 접근을 지향하는 동시에 미·중 양국 간 협력을 촉진하는 매개체 역할도 적극적으로 고려해야 한다.

미·중 경쟁은 단기적인 갈등을 넘어 장기적인 국제체제의 변화로 이어질 수 있다. 따라서 우리는 미·중 경쟁에 대응하는 다른 국가들의 전략에 주목하고 그들과 연대를 도모하는 것이 필요하다. 또한 쿼드(QUAD), 오커스(AUKUS) 등과 같은 역내 협의체에도 관여하며 우리의 외교·안보 지평을 확대해야 한다. 이와 더불어 기후 변화, 세계 보건, 지속 가능한 발전 및 성장 등 글로벌 과제에 대한 협력에도 적극적으로 임할 필요가 있다. 엄중한 미·중 경쟁 속에서도 협력의 여지를 찾고 국제적인 연대를 도모하기 위한 노력은 우리의 국익을 위한 중요한 과제가 될 것이다.

- 이재훈

트럼프 2기 행정부 출범 후 미·중 관계는 어떻게 될까?

트럼프 대통령의 2024년 대선 캠페인 슬로건은 이전과 동일한 '미국을 다시 위대하게'이다. 이는 재선에 성공할 경우 1기 행정부의 경험을 토대로 2기 행정부에서 '트럼프 시대'를 완성하고자 함을 보여준다. 따라서 트럼프 2기 행정부는 '미국우선 대외정책'의 재활성화를 통해 국제무대에서 미국의 이익을 적극적으로 추구할 것이며, 같은 맥락에서 중국의 부상을 견제하기 위해 보다 공세적인 행보를 보일 것으로 예상된다.

외교·안보 분야에서 '미국우선 외교정책 2.0'은 전략적 선택과 집중, 거래 중심적 동맹관의 강화를 통해 보다 공세적으로 국제무대에서 미국의 이익을 추구할 것으로 보인다. 한편 경제·통상 분야에서 '미국우선 통상정책 2.0'은 미국의 무역수지 적자를 줄이기 위한 공세적인 보호무역주의 조치와 미국 내 생산시설 확충을 통한 제조업의 부흥이 핵심을 이룰 것으로 전망된다.

트럼프 2기 행정부는 출범과 더불어 '대(對)중국' 견제 정책을 보다 공세적으로 추진할 것이며, 첨단기술 분야를 중심으로 한 '선택적 디커플링'과 '2차 미중 무역 전쟁'이 핵심을 구성할 것으로 보인다. 트럼프 2기 행정부는 중국으로부터 경제적 독립을 되찾고 제조업 강국으로 재부상한다는 주장을 토대로 '4개년 국가 리쇼어링 계획'을 추진할 것이며, 이에 따라 철강, 전자, 의약품, 첨단기술 등을 중심으로 중국이 배제된 미국 중심의 공급망 재편 작업이 본격화될 것으로 예상된다.

또한 '보편적인 기준 관세'와 '트럼프 상호 무역법' 등 관세 계획은 '대(對)중국' 무역수지 적자 감소를 위한 주요 수단으로 활용될 것으로 보인다. 이는 중국의 최혜국대우 철회, 미국 기업의 중국 내 투자 및 중국의 미국 자산 구매 금지 등의 조치와 더불어 중국의 강한 반발을 불러올 것으로 예상된다. 무역 분야 전반에 걸친 미중 간 갈등은 '2차 미중 무역 전쟁'으로 이어지며 세계 경제에 부정적인 영향을 미칠 것으로 전망된다.

한편 중국에 대해 상대적 우위를 유지하고 있는 군사·안보 분야에 대해서는 양국 간 직접적인 군사적 충돌은 자제하는 한편 '힘을 통한 평화'를 토대로 군사혁신 및 군사기술 개발, 역내 안보협력 강화 등을 통해 중국과의 중·장기적인 경쟁에 대비하고자 할 것으로 예상된다. 따라서 대만 해협 혹은 남중국해 문제 등으로 인해 트럼프 2기 행정부 하 미국이 중국과 심각한 군사적 충돌을 감수할 가능성은 크지 않아 보인다. 해당 지역에서 중국의 공세에 대응하기 위해 미국은 '항행의 자유 작전' 등 낮은 수위의 군사적 움직임을 유지해 왔으며, 또한 트럼프 대통령은 전쟁을 막대한 비용을 수반하는 불필요한 행위로 인식하고 협상을 통한 문제 해결을 선호하기 때문이다. 따라서 대만 해협 혹은 남중국해에서 미중 양국 간 우발적인 군사적 충돌이 일어날 가능성을 완전히 배제할 수 없으나, 양국은 군사 당국 간 소통 등을 통해 확전 가능성을 통제할 것으로 예상된다.

이와 더불어 대만 문제 관련해서는 미국이 '하나의 중국 정책'을 모호하게 유지하며 양안 관계를 관리하는 동시에 대만에 대한 무기 판매 등을 통해 중국 견제를 위한 대만의 전략적 활용을 지속해 나갈 것으로 예상된다. 또한 대만의 안보 무임승차를 거론하며 재정적 기여를 더 하라는 압박을 가할 것으로 보인다.

- 유영민

트럼프는 러시아-우크라이나 전쟁을 끝낼 수 있을까?

2022년 2월 대부분의 전문가 예상을 뒤엎고 블라디미르 푸틴 러시아 대통령이 우크라이나의 비무장화, 비나치화, 돈바스 지역의 주민들을 보호한다는 명분을 내세워 우크라이나를 침공한 지 3년이라는 시간이 흘렀다. 전쟁 초기 러시아의 압도적인 승리로 끝날 것이라는 예상과는 달리 서방의 지원을 받은 우크라이나의 거센 저항은 세계를 깜짝 놀라게 하였다. 그러나 전쟁이 장기화하며 전황은 군사력 및 경제력이 우월한 러시아에게 유리하게 전개되고 있다. 여기에 2024년 10월 러시아에 대한 북한군 파병 소식이 알려지며 전쟁 확산에 대한 우려가 한반도 포함 전 세계를 뒤흔들었다.

전쟁의 장기화로 인해 관련국들의 피로도가 누적되고 국제정세의 불안정성이 지속되는 상황 속에서 트럼프 전 대통령의 2024년 미국 대선 승리는 전쟁을 조속히 끝낼 수 있을 것이라는 가능성을 열어주고 있다. 트럼프 대통령은 이번 대선 캠페인 당시 미국우선 대외정책을 복원하여 동유럽에 평화와 안정을 가져올 것이라고 밝히고, 취임과 더불어 우크라이나 전쟁을 평화롭게 끝내기 위해 협상에 임할 것이라고 천명했다.

트럼프 2기 행정부는 우크라이나에 대한 미국의 지원을 평화 협상과 연계시켜 러시아와 우크라이나 양측을 압박하며 협상을 빠르게 진행할 것으로 예상된다. 협상의 조건과 관련해서는 트럼프 당선인이 우크라이나·러시아 특사로 임명한 키스 켈로그 전 부통령 국가안보보좌관이 작년 초 우크라이나의 북대서양조약기구 (NATO) 가입을 10년간 제한하고 '현재의 전선'을 그대로 받아들이도록 하는 방안을 제시한 바 있다. 또한 작년 12월 노트르담 대성당 재개관식에 참석하기 위해 프랑스 파리를 방문한 트럼프 당선인이 종전 구상안을 밝혔는데, 구체적으로 ▲ 우크라이나의 나토(NATO) 가입을 반대하고, ▲ 러시아의 종전 결단을 위해 중국의 적극적인 압박이 필요하며, 이를 위해 유럽 국가들이 보다 적극적으로 중국을 설득해 줄 것을 촉구하였으며, ▲ 종전 후 우크라이나의 방어와 평화 유지를 지원하는 데 유럽이 주된 역할을 맡아야 한다고 강조한 것으로 알려졌다. 현재로서는 협상이 어떠한 조건으로 얼마나 빨리 완료될지는 알 수 없으나, 러시아에 유리한 방향으로 전개될 가능성이 높아 보인다.

트럼프 2기 행정부 하 러시아-우크라이나 전쟁이 급격한 변화를 맞이할 가능성을 고려하여 한국은 우크라이나 재건 사업 참여 준비 및 러시아와의 관계 관리 등 국익을 담보하기 위한 준비를 본격화해야 한다. 한국은 2023년 7월 '우크라이나 평화 연대 이니셔티브'를 발표하고, 2024년 추가 3억 달러 그리고 2025년 이후 20억 달러 이상의 중장기 지원 패키지 등 안보, 인도, 재건 분야를 아우르는 포괄적 지원을 우크라이나에 제공하고 있다. 또한 한국은 주요 7개국(G7) 주도의 우크라이나 재건 지원 협의체인 '우크라이나 공여자 공조 플랫폼'에 신규 회원국으로 가입했다. 한국은 전쟁 종료 후 전개될 우크라이나 재건 사업에 참여하여 우리의 경제적 이익을 담보하는 동시에 우리에게 우호적인 지역 분위기를 형성하기 위한 외교적 노력을 지속해 나가야 할 것이다.

한편 전쟁에서 한숨 돌린 러시아는 북한과의 군사 협력 수준을 조절하며 국제 사회에서 자국의 위치를 재정립하는 데 힘을 쏟을 것으로 예상된다. 이에 따라 북·러 협력은 전쟁의 진행 상황에 발맞추어 관리될 것이며, 전략적 상황과 셈법이 변화된 러시아는 한국과의 관계 개선을 위해 보다 적극적으로 나설 것으로 보인다. 이러한 전망은 한국이 러시아와의 관계를 관리할 필요성에 힘을 실어준다. 북한과의 협력 증대를 통해 한반도 안보를 위협하는 러시아의 무분별한 행태를 강력하게 비난하고 제재 강화 등을 통해 우리의 입장을 분명히 보여 줄 필요가 있다. 그러나 북한 문제, 에너지, 식량 안보 등 러시아는 우리에게 여전히 필요한 이웃 국가이다. 따라서 우크라이나에 대한 살상용 무기 지원 및 파병 등 전쟁의 막바지에서 양국 관계 유지에 치명상을 입힐 수 있는 조치에는 신중한 입장을 유지하며, 향후 기회가 왔을 시 한러 관계를 유연하게 재조정할 수 있도록 러시아와의 관계를 관리해 나가는 것이 요구된다.

- 유영민

트럼프는 김정은을 다시 만날까?

트럼프 2기 행정부의 대북 정책에 대해서는 아직 알려진 바는 없으나, '최대 압박과 관여 2.0'이 시행될 것으로 보인다. 동 행정부가 '미국우선 대외정책'을 재활성화하여 국제무대에서 미국의 이익을 추구하려고 한다는 점을 고려할 때, 대북정책도 1기 행정부의 '최대 압박과 관여' 기조를 토대로 북한 문제를 관리하려 할 가능성이 높기 때문이다.

트럼프 1기 행정부는 임기 초반 북한의 반복적인 핵·미사일 도발에 대응하여 '최대 압박'에 집중하였으나, 시간이 흐르며 '최대 관여'로 정책적 우선순위가 전환되었다. 이후 북미 정상은 싱가포르, 베트남, 판문점에서 회동하며 한반도 비핵화와 북미 관계 정상화에 대해 논의하였다.

트럼프 2기 행정부의 대북 정책은 임기 초반 '최대 관여'에 우선순위를 부여할 것으로 예상된다. 트럼프 대통령은 2024년 대선 캠페인 당시 김정은 위원장과의 우호적인 관계를 강조하며 자신의 외교적 역량이 바이든 대통령보다 뛰어남을 부각하고자 하였다. 트럼프 대통령의 '러브콜'에 북한도 긍정적인 메시지로 응답했다. 2023년 11월 말 북한은 주유엔 북한대사를 통해 미국이 대화를 원한다면 군사훈련을 중단하라고 밝혔다. 트럼프 1기 행정부에서 김정은 위원장과의 만남을 위한 선제 조건으로 북한이 한미 연합 군사훈련 중단 요구를 제시하였고 이를 트럼프 대통령이 수용했다는 점을 고려할 때, 북한의 군사훈련 중단 요구는 북미 정상 간 재회를 위한 추가적인 조건을 평양이 요구하지 않을 것임을 보여준다.

트럼프 2기 행정부가 장기화하고 있는 두 개의 전쟁의 출구를 모색하는 것에 우선순위를 부여할 가능성이 높고 북한도 2019년 하노이 회담 실패의 기억으로 인해 정상외교 재개에 신중을 기할 가능성을 고려할 때, 북미 간 정상외교 재개 움직임은 2026년 미국 중간선거를 앞두고 본격화될 가능성이 높아 보인다. 그러나 트럼프 당선인 측에서 트럼프 대통령과 김정은 위원장의 만남을 고려하고 있다는 언론 보도가 나온 점, 북미 대화에 긍정적인 입장을 지닌 것으로 알려진 리처드 그레넬 전 독일 주재 미국 대사가 대북 업무를 포함한 특별 임무를 담당하는 대통령 특사로 지명된 점, 그리고 트럼프 대통령이 취임 사흘 만에 북한과 정상외교를 다시 시도하겠다는 입장을 분명하게 밝힌 점 등을 고려할 때 트럼프 2기 행정부 출범 초기부터 북미 간 접촉이 활발해질 가능성을 배제할 수 없다.

트럼프 2기 행정부 하 정상외교의 재활성화가 북한의 비핵화에 얼마나 기여할지는 불명확하나, 북미 간 소통 재개는 북한 문제 및 한반도 안보 상황을 보다 안정적으로 관리하는데 기여하는 동시에 한반도 주변 국가들의 역학 관계에 영향을 미칠 것으로 예상된다. 또한 정상외교의 재활성화를 통한 북미 관계의 개선 및 한반도 긴장 완화 움직임은 트럼프 대통령의 노벨평화상 수상 가능성을 높이는 데 기여할 것으로 보인다.

북미 간 소통 재개 가능성에 대비하여 한국은 어떠한 입장과 역할을 할 것인가에 대한 논의를 본격화해야 한다. 고도화되고 있는 북한의 핵·미사일 능력과 더불어 '한미일 vs. 북중러' 간 대립을 고려할 때, 향후 관계 개선을 통해 북미 양국이 얻고자 하는 전략적 이익이 무엇인지에 대한 논의가 필요하다. 또한 북핵 협상이 재개될 경우 협상의 목표 및 과정이 어떻게 진행될 것인가에 대한 질문을 던지고 그에 대한 우리의 입장, 역할, 대응 방안 등을 확립해야 할 것이다.

- 유영민

민주당은 동맹을 중시하는데, 왜 보수는
이를 반미로 규정하는가?

한국의 보수가 민주당을 반미로 몰아가는 것은 한국 정치의 복잡한 역사적 맥락과 헤게모니 투쟁의 관점에서 논의되어야 한다. 민주당은 자유주의를 핵심 이데올로기로 삼고 있으며, 이는 미국의 지배 이데올로기이기도 하다. 또한 대외정책에 있어 민주당은 미국과의 동맹을 지속하면서도 호혜적 관계를 추구하는 자유주의적 접근을 강조하고 있다. 보수세력은 민주당의 이러한 접근을 반미로 치환하여 헤게모니를 장악하려는 전략을 사용하고 있다.

구체적으로 살펴보면, 민주당은 한국의 국제적 자율성과 평화를 강조하며 '자유주의적 민족주의'를 표방한다. 민주당은 국제 사회의 협력과 동맹을 유지하며 북한과의 화해 협력을 통해 문제를 해결하려 한다는 점에서 미국 등 외세 배제를 통해 한반도 문제를 해결하려 하는 NL 계열 등의 '독립지향 민족주의'와는 구분된다. 예를 들어 민주당 정권은 미군 주둔을 강력히 지지하며, 한반도 통일 이후에도 중국 견제를 위해 미군 주둔이 필요하다는 입장을 보여 왔다. 이러한 입장은 미국과의 동맹 관계를 인정하면서도 한국의 주권적 목소리를 강화하려는 것이다.

그러나 민주당의 이러한 자유주의적 민족주의는 보수세력에 의해 반미 성향으로 왜곡되곤 한다. 보수세력은 자신들의 이념적 기반인 반공주의를 바탕으로 민주당을 반미 및 친북 세력으로 몰아가려는 전략을 구사한다. 이는 헤게모니 투쟁의 일환으로, 보수세력이 한국 사회의 주도권을 재장악하려는 시도로 해석될 수 있다.

김대중 정부 이래 민주당 정부는 미국과의 동맹을 중심축으로 삼아 주변국들과의 다자 협력을 강조해 왔다. 노무현 정부에서도 자주외교를 강조하면서도 6자회담을 통해 북핵 문제를 해결하려 했고, 문재인 정부는 한반도 평화 프로세스를 주도하면서도 미국과 긴밀히 협력했다. 그러나 이러한 외교정책은 보수세력에 의해 반미적 태도로 그려졌다. 이는 보수세력이 미국과의 동맹을 무조건적 지지로 해석하는 반면 민주당은 동맹 내에서도 한미 간 호혜성을 추구하기 때문이다. 즉, '민주당은 반미'라는 프레임은 보수세력이 국내정치적 헤게모니를 강화하기 위해 민주당의 대미 외교 기조를 왜곡한 결과라 하겠다.

– 최용섭

한미원자력협정은 개정되어야 하는가?

자연에 존재하는 핵물질인 우라늄 동위원소 U-235은 핵발전의 연료로 쓰이는데, 이 우라늄을 연료로 사용하기 위해서는 농축해야 한다. 저농축은 핵발전 연료로, 고농축은 핵무기의 재료로 쓰인다. 한편, 핵발전을 통해 나온 찌꺼기를 재처리하는 과정에서 또 다른 핵무기의 재료인 플루토늄이 나온다.

한미원자력협정은 1974년 한국과 미국이 맺은 핵연료의 이용에 관한 상호 협정으로, 정식명칭은 "원자력의 민간이용에 관한 대한민국 정부와 미합중국 정부 간의 협력을 위한 협정"이다. 1974년 초기 협정안에서는 한국이 미국의 사전 동의나 허락 없이 핵연료의 농축과 재처리를 하지 못하도록 제한하였다. 2015년 11월 26일에 발효된 개정안을 통해 한국은 미국의 사전 동의를 받지 않고도 사용 후 핵연료를 국내 시설에서 부분적으로 재처리해 일부 연구 활동을 자유롭게 수행할 수 있게 되었다. 아울러 미국산 우라늄의 20% 미만 저농축과, 사용 후 핵연료에 대한 건식 재처리 방식인 '파이로 프로세싱'이 허용되었다.

이러한 상황은 한국의 핵물질 보유와 처리에 대한 범위가 일부 허용이 되었지만, 여전히 핵물질에 대한 우리나라의 권한이 미국의 통제하에 있음을 보여준다. 이것은 결국 핵물질의 보유와 처리에 대한 우리나라의 주권이 제약을 받고 있음을 의미한다. 전시작전 통제권이 미국에 넘어가서 주권의 제약을 받고 있는 것도 시정이 되어야 할 문제이지만, 이 부분은 안보와 직결되는 사안이기 때문에 어느 정도 인내가 가능한 영역이다. 그러나 세계 10위권의 정치, 군사, 경제, 문화 강국인 대한민국이 핵물질에 대한 주권을 미국에 양도하고 있는 것은 매우 불합리한 것이다. 우리가 핵물질을 보유한다고 해도 바로 핵무기를 만드는 것도 아니다. 현재 미국을 포함한 주변국들의 정보능력을 감안한다면, 한국이 주변국들의 감시망을 벗어나 비밀리에 핵무기를 만드는 것은 불가능하다.

핵무기를 개발하는 것은 국제규범에 반하는 것이지만, 핵무기를 만들기 전 단계인 핵물질 처리와 이용은 다른 관점에서 봐야 한다. 우리는 현재 '한미원자력협정'에 묶여서 우리나라의 핵발전소에서 나온 핵폐기물을 우리가 재처리하지 못하고 다른 나라로 보내고 있다. 아울러 북한의 핵위협이 고조되는 상황은 또 다른 고려를 부각시키고 있다. 유사시 우리가 안전을 보장받지 못할 때를 대비하여 핵무기를 만들 수 있는 잠재력을 보유해야 한다는 것이다. 문재인 정부에서 '한미미사일지침'을 폐기하여 미사일 주권을 회복한 것처럼, '원자력협정'을 개정해서 평화적 핵활동 범위를 확대하고 핵주권을 회복하는 것이 필요하다.

– 정한범

이재명이 추구하는 한미 관계는 어떤 모습일까?

이재명의 외교·안보는 '견고한 군사동맹을 토대로 호혜적인 한미 관계'를 구현하고자 한다. 이를 위해 강력한 한미동맹을 통해 북한의 위협에 대응하고 한반도 주변 지역에서 우리에게 우호적인 안보 환경을 유지하는 동시에 상호 신뢰와 존중을 토대로 서로의 이익에 부합하는 한미 양국 간 협력을 증대하고자 한다. 구체적으로 한미동맹이 점증하는 북한의 군사적 위협에 대응하여 우리 국민의 생명과 재산을 철통같이 지키고 한반도 주변의 안보 환경을 안정적으로 관리하는 핵심 기제로 작동하는 동시에 인도-태평양 지역에서 첨단기술, 개발 협력, 해양 안보, 재난구호 등 실질적인 부문에서 역내 협력을 선도해 나가는 모범 동맹으로서의 위상을 확립하기를 기대하고 있다.

한국의 핵심적인 안보 이익은 한반도 안보 상황을 안정적으로 관리하고 한반도 주변 지역에서 우리에게 우호적인 안보 환경을 유지하는 것이다. 지난 70여 년 동안 한미동맹은 북한의 안보 위협 속에서 한반도에서 안정과 번영을 유지하는 핵심 기제로 작동하고 있을 뿐 아니라 한반도 주변 안보 환경을 안정적으로 유지하기 위한 중추적인 역할을 맡아 왔다.

한미동맹은 한국전쟁 직후인 1953년 10월 '한미상호방위조약'의 체결을 통해 '군사동맹'으로 시작되었다. 당시 북한에 비해 군사적 열세에 놓여 있던 한국은 미국의 동맹체제에 편승함으로써 미국으로부터 안보를 담보 받는 동시에 경제 지원 및 군사력 증강을 보장받았다. 이후 한국은 미국으로부터 제공받은 경제적·군사적 지원을 토대로 급속한 경제성장을 이룰 수 있었고, 이에 따라 동맹 유지에 있어 한국의 보다 적극적인 역할과 기여가 가능해졌다. 1990년대 들어 미국 측의 요청으로 시작된 한미 간 방위비분담금 협정은 한국의 신장된 국력을 잘 보여준다.

한국의 국력 신장과 더불어 21세기 들어 본격화된 미국의 '대(對)중국' 견제정책은 한미동맹의 성격을 '군사동맹'에서 '포괄적 전략동맹'으로 변화시키게 된다. 2009년 6월 한미 정상회담 시 채택된 '동맹미래비전'에서는 21세기의 한미동맹을 군사·안보 영역에서뿐만 아니라 경제·사회·과학기술·에너지 등 포괄적 분야에서의 협력과 더불어 지역·범세계적 차원의 문제와 관련한 협력을 강화하는 전략동맹으로 발전시킬 것을 제시하였다. 이후 포괄적 전략동맹으로서 한미동맹이 추구할 구체적인 목표, 방법, 수단 등은 2021년 5월 개최된 한미정상회담에서 채택된 공동성명을 통해 구체화되었다.

북한의 핵·미사일 능력이 고도화되는 상황은 한미동맹이 한반도의 안보를 물샐틈없이 유지하기 위한 군사동맹으로서의 역할에 집중할 것을 요구하고 있다. 따라서 한미동맹은 북한의 점증하는 군사적 위협에 대응하고 한반도의 안보 상황을 안정적으로 관리하는 한반도 차원의 역할에 앞으로도 우선순위를 부여해야 할 것이다. 이와 더불어 한미동맹은 한반도를 뛰어넘어 지역 차원의 협력을 선도하는 핵심 기제로 거듭나야 한다. 구체적으로 인도-태평양 지역에서 '첨단기술, 개발 협력, 해양 안보,

재난구호, 방산' 등 실질적인 부문에서 역내 협력을 이끌어가는 모범 동맹으로서의 위상을 확립하는 것이 필요하다.

튼튼한 군사동맹을 토대로 상호 호혜적인 한미 관계를 추구하는 것은 한미 양국의 이익에 부합하는 동시에 전 세계에 모범적인 동맹의 위상을 떨칠 수 있는 미래지향적인 양자 관계를 구현할 것으로 기대된다.

이재명과 트럼프의 케미가 딱 들어맞는 이유는?

한국의 이재명과 미국의 트럼프 대통령은 좋은 파트너가 될 것으로 예상된다. 여러 가지 이유가 있겠으나, 무엇보다 두 사람은 실용적이고 실리를 추구한다는 점에서 공통점을 갖고 있기 때문이다.

국민의 '먹고 잘사는 문제(잘사니즘)'에 가장 큰 관심을 가지고 있는 이재명은 트럼프 대통령을 상인적 현실 감각이 극대화된 현실주의자로 평가한다. 트럼프 대통령의 '미국우선주의'는 국제 문제를 다룸에 있어 가치, 명분보다는 실익을 추구한다고 보기 때문이다. 구체적으로 미국 내 일자리 확보, 미국 산업 보호, 미국 내 제조업 부흥 등 자국의 이익을 최우선시하는 것이다. 따라서 2024년 미국 대선에서 트럼프 대통령이 당선된 것은 무엇보다 미국 경제와 민생을 중시하고 국제무대에서 미국의 이익을 적극적으로 추구해 달라는 미국 유권자들의 바람이 반영된 것으로 평가한다.

트럼프 대통령의 미국우선주의는 이재명이 추구하는 '국익 중심의 실용외교'와 맥이 닿아 있다. 트럼프의 미국우선주의는, 21세기 들어 이라크 전쟁과 아프가니스탄 전쟁, 그리고 금융위기를 겪으면서 미국의 패권이 약화된 상황에서, 세계 경찰로서의 미국의 지위를 유지하기 위해 미국의 국력을 소모하기보다는 미국 국민들의 경제적 불안과 고통을 해결하기 위해 국내 일자리 창출과 경제성장에 집중하고자 한다. 즉, 국제무대에서 축소와 자제로 국력 낭비를 최소회히고 국력의 내실화를 통해 미국의 역량을 복원 및 강화하고자 하는 것이다.

한편 이재명의 국익 중심의 실용 외교는 분단국가, 반도국가, 동맹국가, 글로벌 선도국가라는 한국의 객관적 현실을 바탕으로 각자도생의 생존 논리와 이익경쟁이 심화하는 국제정세 변화에 적극적으로 대응하고자 한다. 다시 말해 국익 중심의 실용 외교는 불확실하고 불안정한 세계적 대변화에 직면하여 유연하고 실용적인 접근을 통해 한반도의 안정과 번영, 지역 협력 및 국제연대를 도모하며 우리의 국익을 담보하고자 하는 것이다. 이를 위해 이념이나 진영의 논리에 따른 줄 세우기를 거부하며 오직 국민의 안전과 국익 증진을 기준으로 판단하고자 한다.

이재명과 트럼프는 공통적으로 자국 국민의 '먹고 사는 문제(먹사니즘)'를 최우선시하며, 명분에 집착하고 가치 외교에 치중하던 오류에서 벗어나 국민 안전 확보, 일자리 창출, 민생 중시, 경제적 번영, 실리 외교 등 제반 분야에 걸쳐 실익을 추구하는 현실 감각이 뛰어난 지도자들이라고 하겠다. 따라서 그들은 서로가 원하고 추구하는 정책 방향 및 의제 등에 대한 폭넓은 공감대를 형성할 수 있으며, 이러한 상호 이해를 토대로 양국 간 협력을 확대함으로써 상호 신뢰 및 국익을 증대해 나갈 것으로 예상된다.

트럼프 2기 행정부에서 주한미군 유지는 가능한가?

이재명의 외교·안보는 '견고한 군사동맹을 토대로 호혜적인 한미 관계'를 구현하고자 한다. 북한의 위협에 대응하고 한반도 주변 지역에서 우리에게 우호적인 안보 환경을 유지하는 데 핵심적인 역할을 수행해 온 한미동맹은 이재명이 그리는 외교·안보 구상의 중심축을 구성하고 있다. 따라서 이재명의 외교·안보는 한미동맹이 앞으로도 북한의 군사적 위협에 대응하여 우리 국민의 생명과 재산을 철통같이 지키고 한반도 주변 지역에서 우리에게 우호적인 안보 환경을 유지하기 위한 노력의 중심에 흔들림 없이 서 있을 것임에 한 치의 의심도 가지고 있지 않다. 이러한 인식은 이재명의 외교·안보가 지난 70여 년간 강력한 군사동맹의 근간이 되어 온 주한미군의 주둔을 확고히 지지하며, 앞으로도 한미 양국이 대북 확장억제력을 포함하여 연합 방위태세 강화 및 양국 간 협력을 통한 한반도 연합 방어능력을 증대해 나가기를 강력히 희망하는 토대가 되고 있다.

그런데 2024년 미국 대선에서 트럼프 전 대통령이 승리함에 따라 트럼프 2기 행정부 출범 이후 주한미군 철수 가능성에 대한 우려가 제기되고 있다. 트럼프 대통령이 한반도에 대규모 병력이 주둔하는 것에 대해 회의적인 시각을 가지고 있음이 1기 행정부 고위직 인사들의 회고록을 통해 알려지고, 또한 한국, 일본 등 동맹국들에게 방위비 분담금 대폭 인상을 요구하며 현지에 주둔하는 미군을 철수시킬 것이라고 위협한다는 언론 보도가 나왔기 때문이다.

이러한 우려에도 불구하고 트럼프 2기 행정부에서 주한미군 감축이 현실화할 가능성은 높지 않아 보인다. 무엇보다 미국의 동맹 시스템을 비용 편익적인 측면에서 바라보는 트럼프 대통령에게 주한미군 철수가 야기할 경제적 비용 증대는 받아들이기 쉽지 않을 것이기 때문이다. 트럼프 대통령이 주한미군 철수를 주장하는 것은 주한미군 재배치를 통해 미국의 전략적 이익을 증대하기 위해서라기보다는 자신의 방위비 분담금 인상 요구를 관철하기 위한 협상의 카드라는 분석이 우세하다. 한국, 일본 등 동맹국들에게 방위비 분담금 인상 요구를 관철하여 미국 측 부담을 줄이는 한편 이러한 결과를 자신의 국내 정치적 성과로 삼으려고 한다는 것이다. 주한미군 철수를 경제적 이해관계를 토대로 바라보는 트럼프 대통령에게 주한미군 철수 및 재배치가 야기할 경제적 비용 증대는 주한미군 철수를 실제로 지시할 자신의 정치적 결정을 제약할 것으로 보인다. 한국에 주둔하고 있는 28,500명의 병력과 부양가족 및 장비 등을 이동하기 위해서는 상당한 비용이 발생할 뿐 아니라 이들을 수용할 부대 주둔 시설 등을 마련하고 유지하는 것은 막대한 비용 증가를 수반하기 때문이다.

주한미군 철수 및 재배치로 인한 비용 증대와 더불어 미국 워싱턴 정가에는 주한미군 철수를 반대하는 분위기가 지배적이다. 특히 미 연방의회는 주한미군의 철수를 제도적으로 반대하고 있다. 미국의 연방의회는 주한미군 철수로 인해 한반도에서 전쟁이 발발할 가능성을 우려하고 있으며, 따라서 주한미군 28,500명의 유지를 규정한 '국방수권법(National Defense Authorization Act)'을 통해 주한미군의 철수를 막으려고 노력하고 있다. 2024년 12월 연방의회는 2025 회계연도 국방수권법안에 주한미군 현재 규모 유지 및 한국에 대한 확장억제 제공 공약을 포함함으로써 트럼프 2기 행정부 출범 이후에도 주한미군을 유지하고자 하는 의지를 분명히 하였다.

이러한 점들을 종합해 볼 때 트럼프 대통령이 주한미군 철수를 결정할 가능성은 크지 않아 보인다. 물론 상기한 경제적·정치적 비용을 감수하고 트럼프 대통령이 철수 명령을 내릴 가능성을 완전히 배제할 수 없다. 또한 주한미군을 완전히 철수하는 대신 주한미군 일부를 실질적으로 감축하여 동맹국을 압박하는 카드로 활용할 가능성도 존재한다. 순환 배치를 위해 한국을 떠나는 병력을 충원하지 않을 경우 주한미군의 실제 감축 효과가 발생할 수 있기 때문이다.

이재명의 외교·안보는 트럼프 2기 행정부가 주한미군 철수를 현실화하는 것을 저지하기 위해, ▲ 주한미군 철수를 방위비 분담금 인상을 위한 협상 카드로 사용할 가능성, ▲ 주한미군 일부 감축 가능성, ▲ 주한미군 철수 및 재배치 가능성 등 모든 가능성을 열어놓고 대응 방안을 마련할 것이다. 우리가 할 수 있는 모든 역량을 동원하여 주한미군 철수를 막는 것이 이재명의 외교·안보가 구상하는 한반도 안정과 번영을 위해 필수적이기 때문이다.

원하는 동맹국 한국의 요청에도 불구하고 미국이 자국의 이익을 위해 주한미군을 철수하려 할 경우 이를 저지할 방법은 사실상 없다. 자주국방이 왜 중요하고 질실한 깃인지를 다시금 획인하게 된다.

4

한반도와 중국

대중 정책의 기본 목표는 무엇인가?

한국의 '대(對)중국' 정책은 지정학적 이해관계와 경제적 실리를 동시에 고려해야 하는 복합적 과제이다. 중국은 한국의 최대 교역 상대국 중하나로 한반도 평화 및 안보 문제에서도 중요한 영향을 미치며, 동시에 미·중 경쟁이 심화하는 동북아 국제정세의 핵심 행위자이기도 하다. 이러한 맥락에서 한국의 '대(對)중국' 정책은 크게 세 가지 기본 목표를 중심으로 논의될 수 있다.

첫째, 한국의 경제적 이익을 극대화하기 위해 중국과의 경제 관계를 안정적으로 발전·관리해야 한다. 중국은 세계 최대 제조·소비 시장 중하나이자, 한국 기업들에게 다양한 기회를 제공하는 중요한 파트너다. 자동차, 반도체, 디스플레이, 배터리 등 제조업 분야에서의 협력뿐 아니라 문화 콘텐츠, 관광, 서비스업 등 새로운 영역에서도 성장이 기대된다. 동시에 최근 글로벌경제 상황 속에서 기술 패권 경쟁과 공급망 재편에 따른 리스크도 존재한다. 따라서 한국은 한중 양국 간 교역·투자 확대를 추구하되, 특정 분야에 대한 지나친 의존도를 줄이고 공급망 안정성을 높이기 위한 노력을 병행해야 한다.

둘째, 한반도 평화와 남북한 관계 증진을 위해 중국이 북한에 긍정적이고 건설적인 영향력을 행사하도록 이끄는 것이 중요하다. 중국은 북한

의 최대 우방국이자 경제·안보 면에서 중요한 후원자로서, 북한이 국제
사회와 소통할 수 있는 몇 안 되는 외교 경로 중 히나다. 한국은 이러한
중국의 대북 영향력을 적극적으로 활용하여 북한이 핵 협상과 평화 협정
논의에 성실히 참여하도록 유도해야 한다. 중국이 북한 문제에서 협조적
태도를 취하도록 설득하기 위해서는 중국의 안보 우려, 경제적 이해관계
도 함께 고려할 필요가 있다. 예컨대 대북 인도적 지원이나 동북아 개발
프로젝트 등에 대한 다자협력을 제안함으로써 '한반도 안정'이라는 공동
이익을 도출할 수 있어야 한다.

셋째, 미·중 간 경쟁이 불필요하게 격화되어 동북아가 갈등과 대립
의 장으로 전락하지 않도록 유연한 외교를 펼치는 것도 한국의 대중 정
책 목표 중 하나다. 미국은 전통적 동맹국이자 글로벌 패권국가이며, 중
국은 지리적으로 인접하고 경제적 비중이 큰 이웃 대국이다. 물론 동맹
국인 미국과 중국 사이의 균형을 추구하는 정책을 취해서는 안 되겠지만
그렇다고 중국을 지나치게 자극하는 정책은 한국의 국익에 도움이 되지
않을 것이다.

이러한 세 가지 목표는 상호 보완적이지만 경우에 따라서는 긴장 관계
에 놓일 수도 있다. 예컨대, 중국과의 경제 협력을 확대하는 과정에서 한
미 양국 간 안보 이슈나 대북 문제에 대한 시각 차이가 발생할 수 있다. 반
대로 중국의 대북 영향력 활용을 위해 지나치게 중국의 입장에 호응하면
미국·일본 등과의 공조가 약화할 수 있다는 우려도 생긴다. 따라서 한국
정부는 변화하는 동북아 정세 속에서 유연하고 현실적인 대외정책을 추
진해야 한다. 이러한 목표 달성을 위해 '원칙에 기초한 실용외교'가 핵심

전략이 될 수 있는데, 이는 자유·인권·국제법 등 보편적 가치와 국가이익을 최대한 조화시키면서도, 불필요한 논란을 피하고 갈등이 발생했을 때는 대화와 외교적 해법을 우선시하는 태도를 견지하는 것을 의미한다.

- 최용섭

중국은 미국을 앞지르는 경제대국이 될 것인가?

중국 경제는 1970년대 후반과 1980년대 초반에 시작된 개혁·개방과 함께 성장이 본격화되었다. 약 81억 명의 세계 인구 중 약 14억 명으로 인구수 2위, 세계에서 4번째로 큰 영토를 지닌 중국이 오랫동안 발전이 지체된 상태에 머물러 있었다는 사실이 놀라운 일인지도 모른다. 1949년 중화인민공화국이 수립된 이후 중국은 대약진운동과 문화대혁명으로 인한 정치·경제·문화적 혼란, 폐쇄적인 경제체제, 공산주의 계획경제의 모순 등으로 인해 국제 사회의 중요한 경제적 행위자로 자리 잡지 못했다.

중국 경제는 계획경제의 비효율성을 타개하고자 공산당 1당 독재 체제를 유지하며 시장경제 메커니즘을 받아들였고, 해외 직접 투자를 적극 유치하며 개방성을 띤 경제체제로 변화되어 갔다. 탈냉전과 함께 본격화된 세계화 현상은 중국이 수출지향적 산업화를 통한 경제성장을 이루는 바탕이 되었다. 미국 역시 중국의 세계 경제에의 통합이 중국 정치의 변화를 가져다 줄 것으로 기대하며 2001년 중국의 WTO 가입을 지원하는 등 중국 경제를 위한 우호적 환경 조성에 일조하였다. 고도성장을 지속하던 중국은 2010년 전체 GDP에서 일본을 추월하여 미국 다음의 세계 2위 경제 대국이 되었고, 일본과의 격차는 더욱 벌어져 현재는 3~4배의 경제 규모를 지니고 있다.

중국이 미국을 제치고 세계 1위의 경제 대국이 되는 것은 시간문제로 점쳐졌다. 구매력 기준으로 중국은 이미 미국을 넘어섰다. 그러나 중국이 경제적으로 미국을 앞지르기 위해서는 넘어야 할 도전들이 있다. 경제 발전의 초기 단계에 연평균 10%에 달하던 중국 경제의 성장률은 4%대로 감소하며 고도성장의 시기를 지나 성장률이 크게 둔화하고 있다. 1인당 GDP는 1만 3천 달러 정도로서 8만 6천 달러를 상회하는 미국(세계 6위)에 비해 한참 낮은 수준으로 세계 70위 정도에 불과하다. 빈부격차, 지역 간 격차, 불충분한 내수 시장의 한계 역시 중국 경제가 극복해야 할 과제이다. 중국이 과학기술 분야에 대한 대규모 투자를 통해 인공지능 등 첨단 과학기술 분야에서는 세계적 경쟁력을 지니고 있으나, 원천기술과 지적재산권 측면에서는 여전히 취약하다.

중국 경제가 직면한 더 큰 도전은 미국의 중국 견제에서 나오고 있다. 코로나19 팬데믹을 거치며 세계 공장의 역할을 하는 중국 경제의 불안이 전 세계 공급망을 위태롭게 할 수 있다는 인식과 더불어 중국의 공세적인 대외정책에 대응하기 위해 자국과 동맹국 위주로 공급망을 재편성해야 할 필요성을 인식한 미국은 중국을 글로벌 가치사슬에서 배제하고 중국의 부상을 견제하기 위해 경제적 압박을 가하고 있다. 미·중 간 기술 패권 전쟁의 향방은 향후 누가 경제적으로 세계를 지배할 것인가를 결정할 중요한 변곡점이 될 것이다.

- 최경준

중국은 트럼프 2기에 어떻게 대비할까?

　미국의 오바마 행정부(2009-2017)는 중국의 부상을 경계하면서도 여전히 중국을 주요한 협력 파트너로 인식했다. 하지만 트럼프 1기 행정부(2017-2021)는 중국을 경쟁자 및 전략적 위협 요인으로 인식하며 무역전쟁을 필두로 '대(對)중국' 견제를 본격화했다. 그리고 바이든 행정부(2021-2025)는 중국을 전략적 경쟁자로 인식하며 트럼프 1기와 마찬가지로 '대(對)중국' 견제 기조를 이어가되 동맹 및 우호국과의 협력을 통해, 그리고 첨단산업을 중심으로 '대(對)중국' 견제 정책을 강화했다.

　이에 대해 중국은 미국의 패권에 도전할 생각이 없고, 현존 국제질서를 부정할 의사가 없으며, 기존 강대국인 미국과 신흥 강대국인 중국이 공존할 수 있음을 강조하며 미국과의 정면충돌을 피하고자 했다. 그러면서도 자국의 발전은 정당한 노력의 결과로 마땅히 존중받아야 함을 나타냈고, 미국의 '대(對)중국' 견제 조치에 대해서 보복관세 등 상응하는 조치를 취하며 맞대응하였다. 또한 '대(對)중국' 견제에 대해서 보다 체계적으로 대응하고자 각종 법과 제도를 정비하고, 산업정책을 통해 자국의 산업 경쟁력을 강화하고자 노력했다.

　트럼프 2기 행정부(2025-)가 기존의 '대(對)중국' 견제 기조를 이어가고 더 나아가 그 범위와 강도를 확대 및 심화할 것으로 알려진 가운데, 중국 또한 기존의 대응 기조를 이어가며 보다 정교하고 다각적인 정책을 마련할 것으로 예상된다.

먼저 중국은 군사·안보 분야에 있어서 자국의 국방력이 아직 미국에 뒤처져 있다는 인식을 바탕으로 미국과의 정면충돌은 회피할 것으로 보인다. 다만 남중국해 및 대만해협 등 중국 주변 지역에서는 중국의 국방력이 미국과 대등하거나 능가할 수 있는 수준을 유지할 수 있도록 지속적으로 군사력을 강화해 나갈 것으로 예상된다.

트럼프 대통령이 공언한 중국에 대한 최소 60% 관세 부과 등 경제 정책에 대해서 중국은 '눈에는 눈, 이에는 이'로서 대응할 것으로 보인다. 그리고 미래 경제 질서의 주도권은 첨단 과학기술에 달려있음을 인식하며 장기전의 자세로 첨단 과학기술의 자립과 자강을 위해 더욱 노력할 것으로 전망된다.

이와 함께 중국은 트럼프 2기 행정부가 지나치게 '미국우선주의(America First)'를 내세우고, 글로벌 기후변화 대응에서 이탈하는 등의 정책을 추진하여 글로벌 리더십이 약화되는 상황을 적극 이용할 것으로 예상된다. 미국의 영향력이 약한 글로벌 사우스(Global South) 국가들과 더욱 밀접한 관계를 형성하고, 미국의 리더십에서 멀어지는 서방 국가들과도 적극적으로 협력하여 중국에 우호적인 국제 환경을 조성하며 미국에 대항해 나갈 것으로 전망된다.

- 박영림

중국은 북·러 협력 증대에 대해 어떻게 생각할까?

2023년 9월 김정은 국무위원장은 러시아 극동 연해주의 보스토니치 우주기지를 방문하여 푸틴 대통령과 정상회담을 가졌다. 그리고 9개월 후인 2024년 6월에는 푸틴 대통령이 평양을 방문하여 김정은 국무위원장과 정상회담을 가졌고, 여기서 양국은 '조선민주주의인민공화국과 러시아연방 사이의 포괄적인 전략적 동반자 관계에 관한 조약(북·러 포괄적 전략 동반자 조약)'을 체결했다. 이 조약은 양국의 내부 비준을 거쳐 2024년 12월 4일부터 효력을 갖게 됐다. 이로써 북·러 관계가 1961년 체결된 '조소우호협력조약'의 동맹 수준에 준하는 관계로 격상된 것으로 분석된다.

이러한 북·러 사이의 급격한 관계 강화 및 협력 증대에 대해서 중국은 어떻게 생각할까? 중국은 북한, 러시아와 부침은 있었지만, 전통적으로 우호적인 관계를 맺어 왔다. 러시아와는 2024년 5월 양국 관계를 '신시대 중·러 전면적인 전략적 협력 동반자 관계'로 격상하고 역대 최고의 관계를 맺고 있다고 평가하고 있다. 그리고 북한과는 핵개발 문제를 둘러싸고 불협화음이 있지만 전체적으로 역시 우호적인 관계를 유지하고 있다. 따라서 중국은 표면적으로 북·러 양국의 관계 발전과 협력 증대에 대해서 "정상 국가들 사이의 교류 및 관계"라며 다소 원론적인 평가를 하는 데 그치고 있다.

하지만 내심으로는 걱정과 경계심도 있어 보인다. 중국은 북한의 핵개발 문제에서 '북한과의 전통적 우방 관계'와 '국제 사회의 책임감 있는 대국'으로서의 위상 사이에서 외교적 딜레마에 빠져 있다. 최근에는 '책임감 있는 세계적 대국'으로서의 위상을 중시한 나머지 유엔(UN) 대북 제재에 동참하면서 북·중 관계가 소원해지기도 했다. 이러한 가운데 러시아-우크라이나 전쟁 등을 배경으로 북·러 관계가 급발전하면서 중국은 북한에 대해 갖고 있던 전통적인 영향력이 약화하지 않을까 걱정하는 듯하다.

또한 북·러 사이에 군사적 교류와 협력이 강화됨에 따라 반대급부로 한·미 및 한·미·일 협력이 더욱 강화되는 것에 대해서도 중국은 신경을 쓰지 않을 수 없다. 한·미·일이 북·러의 군사적 위협을 이유로 중국의 앞마당에서 군사 훈련을 강화할 것이기 때문이다. 게다가 미·중 전략 경쟁 구도에 부담을 안고 있는 중국은 '북·중·러 vs. 한·미·일' 구도가 형성되는 것에도 경계하는 눈치다. 더 나아가 러시아-우크라이나 전쟁을 계기로 유럽에서 나토(NATO)의 중요성과 강화 필요성이 제기되고 있는 가운데 동북아 지역에서의 북·러 협력이 자칫 아시아판 나토 창설 주장과 핵개발 도미노 현상으로 이어지지 않을까 걱정해야 하는 상황이다.

반면 북·러 관계 발전이라는 중대 사안에 대해 미국이 대응하는 과정에서 '대(對)중국' 견제가 분산될 수 있다는 점에 대해서는 기대감도 있어 보인다. 하지만 전체적으로 봤을 때, 북·러 관계의 전방위적이고 급속한 발전은 중국의 외교에 또 다른 도전 요인이 되고 있다.

- 박영림

미·중 전략적 경쟁에 의해 한국 경제는 영향을 받고 있는가? 한국 정부와 기업이 대비할 사항은 무엇인가?

미·중 전략적 경쟁은 한국 경제에 영향을 주고 있으며, 앞으로 더 큰 영향을 미칠 가능성이 크다. 오늘날 미·중 경쟁은 과거 냉전기 미·소 경쟁을 비롯한 강대국 갈등과는 달리 세계화된 경제 구조 속에서 벌어지고 있다는 점에서 차이가 있다. 냉전기 미국이 주도하는 자유주의 진영과 소련이 주도하는 공산주의 진영 사이에는 거의 아무런 경제적 교류도 상호의존도 존재하지 않았다. 그러나 오늘날 세계 경제는 미국과 중국을 포함하여 대부분의 국가가 복합적인 상호 연결 관계를 형성하고 있다. 미·중 경쟁으로 인한 영향은 우리의 일상적인 삶에 바로 영향을 미칠 수 있다.

그동안 세계는 경제적 효율성을 추구하며 더 낮은 생산 비용을 위해 하나의 완제품이 생산되기까지의 수많은 공정을 여러 국가에 분산시키는 글로벌 가치 사슬망을 형성해 왔다. 문제는 중국 경제가 성장하며 중국이 세계의 공장 역할을 담당하게 되었고, 글로벌 가치 사슬망에서 중국이 차지하는 비중이 높아졌다는 점이다. 중국을 견제하고자 하는 미국으로서는 중국에 대한 경제적 의존도를 낮추고 믿을 수 있는 동맹국들로 생산 기지를 옮기거나 자국의 일자리 창출을 위해 아예 자국으로 공장을 옮기는 방안을 추구하고 있다. 이것이 바로 중국과 미국 사이의 디커플링(decoupling)이다.

미국은 중국과의 디커플링을 위해 다양한 압력을 중국뿐만 아니라 한국, 일본 등과 같은 자국의 동맹국들과 대만과 같은 협력 파트너에 대해서도 가하고 있다. 특히 반도체와 배터리 산업 부문은 미·중 경쟁으로 인해 한국이 가장 많은 영향을 받는 분야이다. 미래 산업을 위해 반도체 분야에 대한 집중투자를 통해 '반도체 굴기'를 지향하는 중국을 견제하기 위해 미국은 반도체 생산 장비의 독점적인 특허권을 이용해 일정 수준 이상의 반도체 장비를 중국으로 반입하는 것을 제한하는 등의 조치를 취하고 있다. 또한 자국의 반도체와 배터리 산업 생산을 늘리기 위해 막대한 보조금을 자국 내 공장을 지닌 기업들에게 제공하는 계획을 진행하고 있다. 이는 한국이 중국 시장이 아닌 미국 시장을 보다 중요시해야 하고 미국에 대한 투자를 늘려야 하는 부담으로 작용하고 있다.

한국 기업의 입장에서 세계 최대의 시장이라 할 수 있는 중국 시장을 미·중 경쟁이라는 정치적인 이유로 쉽게 포기할 수는 없다. 그러나 향후 미·중 경쟁이 양국 간 경제 및 무역전쟁으로 치닫는 상황에 대비하여 중국 내 생산과 투자를 보다 다각화할 필요가 있다. 한편 신뢰할 수 있는 동맹국들 위주로 글로벌 가치 사슬을 재편성하려는 미국의 상황을 고려하여, 미국을 비롯한 동맹국들과의 공동 연구와 투자 등 협력 방안을 모색하여 위기 상황에 대한 선제적인 대비 노력이 필요하다.

– 최경준

중국은 한국 경제에 얼마나 중요한가?
한국은 중국 없이도 경제적으로 먹고 살 수 있는가?

오늘날 중국은 한국 경제에 있어 매우 중요하다. 교역 면에서 중국은 2022년 기준 한국의 전체 수출에서 22.7%를 차지하는 최대 수출 대상국이며, 총수입에서 21.1%를 차지하는 최대 수입국으로서 수출과 수입 모두 우리에게 중요한 교역 상대국이다. 반면 냉전 시기 한국에게 가장 중요했던 교역 상대국이었던 미국은 수출에서 16.1%, 수입에서 11.2%를 차지하여 두 번째로 중요한 교역 파트너로서 경제적인 의미가 여전히 크지만, 중국에 비해 그 비중이 높지 않다. 내수보다 수출이 절대적으로 중요한 한국 경제에게 중국은 지속적인 경제성장과 원활한 경제 운영을 위해 결코 놓쳐서는 안 되는 중요한 시장이다.

중국은 무역뿐만 아니라 다양한 측면에서 우리의 경제적 삶에 있어 중요하다. 2016년 박근혜 정부 당시 한국의 사드(THAAD: 고고도 미사일 방어체계) 배치 결정에 대해 중국이 취한 경제 보복 조치는 중국과의 경제적 관계가 틀어질 경우 한국에 미치는 부정적 영향이 어떻게 나타날 수 있는가를 잘 보여주었다. 중국에서 한국 제품 거부 운동이 일어나며 자동차를 비롯한 한국 기업의 중국 수출이 큰 타격을 입었으며, 사드 배치를 위한 부지를 제공한 한국 기업은 중국 내 지점의 절반 가까이가 영업

정지 처분을 받았다. 한국산 화장품 등에 대한 수입 불허 조치가 내려졌으며, 신에너지 자동차 보조금 지급 차량 목록에서 한국산 배터리를 탑재한 차량들이 배제되었다. 나아가 한국 연예인의 중국 방송 출연 금지 등 한한령(限韓令)이 내려졌고, 중국 여행객의 한국 방문 제한이 가해져 한국을 찾는 중국 관광객의 수가 급감하여 관광 산업이 크게 타격을 받았다.

중국의 이러한 경제보복 조치들은 중국과의 밀접한 경제적 관계가 양국 간 갈등 상황이 발생할 경우 한국 경제를 위협할 수 있는 수단이 될 수 있음을 보여준다. 한국으로서는 과거 냉전 시기와 같이 안보와 경제를 모두 미국 중심으로 접근하고 중국을 전적으로 우리 외교에서 배제하기 어렵게 된 상황에 놓여 있다. 중국이 공산주의 계획경제에 기반하여 폐쇄적인 경제 운영을 하던 시기 한국의 경제적 삶에 중국은 큰 의미를 지니지 않았다. 그러나 세계화된 경제 구조 속에서 중국 경제의 중요성이 높아진 상황을 고려할 때, 중국과의 경제적 갈등은 우리의 일상적인 삶을 '전장(戰場)'으로 만들 수 있다.

이러한 점들을 종합해 볼 때, 한국은 중요한 교역 파트너인 중국과의 관계를 안정적으로 관리함과 동시에 중국에 대한 지나친 경제적 의존을 낮추기 위해 교역 대상국을 보다 다변화하는 등 중국 변수가 한국 경제에 미칠 불안정성을 줄이기 위한 노력을 기울이는 것이 필요하다.

- 최경준

중국은 우리에게 무엇인가?
기회인가, 위협인가?

중국은 우리에게 무엇인가? 이 질문을 달리 말하면, '우리는 중국을 어떻게 인식하고 있는가'라고도 할 수 있다. 어떤 대상에 대한 인식은 그 대상 자체와 그것을 바라보는 주체, 그리고 대상과 주체를 둘러싼 환경으로부터 영향을 받는다. 그리고 이러한 요소들이 변화하면서 특정 대상에 대한 인식도 함께 변화한다.

중국에 대한 인식도 마찬가지이다. 예를 들어, 중국에 대한 미국의 인식 변화는 중국 자체의 변화를 반영하는 동시에 중국을 바라보는 미국의 변화를 반영하며, 또한 중국과 미국을 둘러싼 환경의 변화를 반영한다. 과거 오바마 행정부는 중국을 경계 대상이자 주요한 협력 파트너로 인식했지만, 트럼프 1기 및 바이든 행정부는 중국을 경쟁자이자 전략적 위협이라고 강하게 인식했다. 이렇게 인식이 바뀌게 된 배경에는 시진핑 체제에 들어서 중국의 종합 국력이 더욱 강해지고 사회주의적 색채가 보다 짙어졌기 때문이다. 반면 미국의 국력과 글로벌 리더십은 쇠퇴 경향을 보이고 있고, 국제 사회에서는 2008년 금융위기와 4차 산업혁명에 따른 디지털 전환, 그리고 코로나19 및 지구 온난화와 같은 글로벌 위기가 발생하며 미·중 관계에 영향을 미쳤다.

그렇다면 우리는 중국을 어떻게 인식하고 있는가? 냉전 시기에 중국은 우리와 체제가 다른 사회주의 국가이자, 경제적으로 우리보다 못 사는 저개발 국가였다. 동시에 중국은 지리적으로 한반도와 가깝고 강한 군사력을 가지고 있으며, 북한의 혈맹 국가로서 적대해야 할 대상이었다. 하지만 1990년대 탈냉전으로 이념의 색안경을 벗은 후 중국은 우리 기업들이 적극적으로 진출해야 할 거대한 시장이자 자원 조달처로 변했고, 우리의 대외무역에 있어서 가장 중요한 파트너로 인식되었다. 이러한 인식은 1992년 수교 이후부터 2010년대 중반까지 한국 사회에서 주류를 이루었다.

그런데 2010년대 중반부터 이러한 인식에 다시 변화가 발생하기 시작했다. 예를 들어, 〈시사IN〉이 2021년 발표한 자료에 따르면, 중국에 대한 한국인의 인식은 계속 악화되어 2021년에는 북한과 일본보다 중국을 더 부정적으로 생각하는 역전 현상이 나타났다. 그 배경에는 앞서 언급한 세 가지의 요소가 크게 작용한 것으로 보인다. 먼저 중국의 국력이 한국과 비교가 되지 않을 정도로 커졌고, 그에 비해 한국의 국력은 상대적으로 미약하며 내부적으로도 다양한 사회 문제가 산적해 있다. 그리고 대외적으로 미·중 전략경쟁이 심화하면서 한미동맹이라는 구조 속에서 우리의 '대(對)중국' 인식이 미국의 '대(對)중국' 적대 인식과 동조되는 현상도 나타났다. 게다가 중국 경제가 고도화하면서 과거 상호 보완적이었던 한중 경제 관계가 점차 경쟁 관계로 변화하는 추세도 반영된 것으로 보인다.

중국은 이제 냉전 시기의 '안보적 위협'이나 탈냉전 초기의 '핵심 경제 파트너'와 같은 비교적 단일한 인식의 대상이 아닌, 복합적으로 인식해야 하는 대상이 되었다. 경제 영역에서 여전히 주요한 협력 파트너이지만 동시에 국제무대를 상대로 치열하게 싸워야 하는 경쟁자이다. 군사·안보 측면에서도 역시 경계 대상이지만, 동시에 북핵 문제를 풀기 위해 협력을 해야 하는 상대이기도 하다. 또한 1인당 GDP는 아직 우리에 한참 못 미치지만, 한편으론 우리가 아직 꿈으로만 생각하고 있는 유인 우주정거장을 이미 운영하고 있는 우주과학 선진국이기도 하다.

중국이 우리에게 무엇인가에 대해서 아직 명확하게 대답하기는 어렵다. 하지만 확실하게 말할 수 있는 것은 이제 중국이 과거와 같은 비교적 단일한 인식의 대상이 아닌 우리에게 복합적인 의미를 가진 대상이 되어가고 있다는 점이다.

- 박영림

〈그림 1〉 북·중·미·일에 느끼는 한국인의 감정 온도 추이

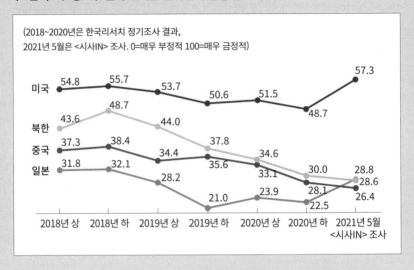

(2018~2020년은 한국리서치 정기조사 결과,
2021년 5월은 〈시사IN〉 조사. 0=매우 부정적 100=매우 금정적)

한중 관계의 핵심 이익과 비전은 무엇인가?

역대 우리 정부가 공식적으로 사용한 것은 아니지만, 탈냉전 이후 지난 30여 년간 우리의 대외정책 기조를 간단명료하게 설명해 주는 핵심적인 개념이 있다. 바로 '안미경중(安美經中)'이다. 주지하듯, 외교·안보 정책은 동맹인 미국과 주로 협력하되, 대외경제에 있어서는 중국과의 긴밀한 교류와 협력을 통해 국가 이익을 극대화하는 노선이라고 할 수 있다. 그동안 암묵적으로 이러한 안미경중의 대외정책 기조가 작동하면서, 한중 관계에 있어서 핵심 이익은 '경제 분야의 상호 교류와 협력을 통한 상호 이익 및 관계 발전'이었다고 할 수 있다.

하지만 미·중 전략경쟁이 심화하면서 미국 및 중국과 모두 좋은 관계를 맺으며 우리의 국익을 추구하는 것이 점점 어려워지고 있다. 안보 동맹을 바탕으로 한 미국과의 다양한 협력들에 대해서 중국이 불만을 나타내는 경우가 증가했는데, 사드 문제가 대표적이다. 또한 경제 영역에서 중국과 교류 및 협력을 강화하는 것에 대해서 미국이 제동을 거는 경우도 빈번해지고 있는데, 반도체 산업의 '대(對)중국' 투자 제한이 대표적이다. 게다가 중국 경제가 고도화되면서 과거와 같이 비교우위를 바탕으로 한 한중 경제 협력은 점점 더 어려워지고 있고, 오히려 중국은 우리의 경쟁 상대가 되어가고 있다.

그렇다면 한중 관계의 핵심 이익이었던 '경제 분야의 상호 교류와 협력을 통한 상호 이익 및 관계 발전'은 더 이상 유효하지 않은 것일까? 그렇지 않다. 중국에 지나치게 치중된 경제 교류 및 협력을 다양화해야 하지만, 중국은 여전히 우리의 가장 중요한 경제 파트너이다. 2023년 한국의 대외무역에서 중국이 차지하는 비중은 여전히 1위(수출 19.7% 1위, 수입 22.2% 1위)이다. 비록 여러 가지 도전에 직면해 있지만 중국이 우리 경제에 없어서는 안 되는 중요한 파트너라는 점에는 변함이 없다. 다만 중국과의 경제 교류와 협력을 어느 수준으로 조정할 것인지, 그리고 어떤 산업과 어떤 방식으로 교류와 협력을 이어갈 것인지에 대해서는 좀 더 고민이 필요해 보인다. 그럼에도 '경제 분야의 상호 교류와 협력을 통한 상호 이익과 관계 발전'이라는 한중 관계의 핵심 이익은 여전히 유효하다고 할 수 있다.

이와 더불어 한중 관계에는 또 하나의 핵심 이익이 존재한다. 바로 북한 문제 및 한반도의 비핵화를 위한 협력이다. 최근 북한과 러시아 관계가 급속히 가까워지고 있지만, 중국은 여전히 북한에 대해 가장 큰 영향력을 가진 나라이다. 북한의 대외무역에서 중국이 차지하는 비중이 98.3%(2023년, KOTRA 자료)라는 점이 이를 극명하게 나타내 주고 있으며, 북한과 중국은 1,315km에 걸쳐 국경을 맞대고 있기도 하다. 게다가 중국은 북한과 유사시 군사적 원조를 약속한 '조중 우호협력 상호원조 조약'을 체결하고 있고, 또한 중국은 한국전쟁의 정전협정 체결 당사국이기도 하다. 양국 사이에는 최고 지도자에 의한 상호 방문 및 정상회담도 이루어지고 있다.

북한에 대해 절대적인 영향력을 가진 중국은 한국이 북한 문제 및 한반도 비핵화를 달성하기 위해 협력해야 할 핵심적인 국가 중의 하나이다. 북핵 문제 해결과 한반도 통일 실현이 우리의 중요한 국가적 과제임을 고려할 때, 한중 관계의 또 다른 핵심 이익은 북한 문제 및 한반도 비핵화와 관련한 협력이라 하겠다.

요컨대, 중국과 경제적인 교류와 협력을 지속함으로써 우리의 경제적 이익을 도모하고, 북핵 문제 해결을 위해 중국과 긴밀한 협력 관계를 구축하는 것이 한중 관계의 핵심 이익이자 비전이라고 할 수 있다. 더 나아가 중국이 동아시아 지역 및 국제 사회에서 영향력 있는 강대국으로 성장한 만큼 평화롭고 번영된 지역 및 국제 사회 건설을 위해 보다 긴밀하게 협력해 나가는 것도 한중 관계의 또 다른 비전이라 하겠다.

- 박영림

〈그림 2〉 2024년 1~11월 한국의 10대 수출국 (단위: 백만 불)

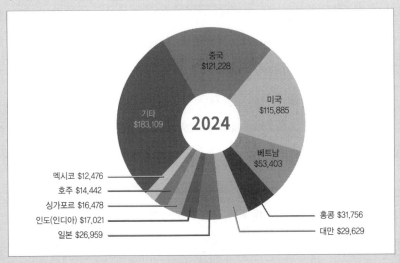

자료: K-stat

〈그림 3〉 2024년 1~11월 한국의 10대 수입국 (단위: 백만 불)

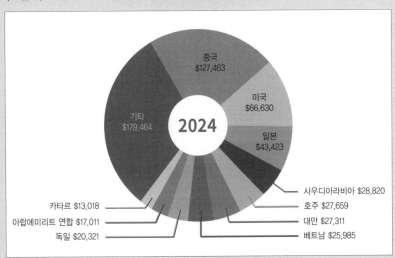

자료: K-stat

이재명이 생각하는 한중 경제 협력의 비전과 '대(對)중국' 경제안보 정책은 무엇인가?

한국과 중국은 1992년 수교 이래 크게 3단계에 걸쳐 경제 관계를 발전시켜 왔다. 1단계는 1992년부터 2001년 중국의 세계무역기구(WTO) 가입 시기까지로, 한국의 기술·자본과 중국의 값싼 노동력이 한중 경제 협력의 주요 동인이 되었다. 중국은 자본과 기술을 확보하기 위해서 저렴한 인건비와 토지 임대료, 세제 혜택 등을 제공하며 한국을 비롯한 외국 자본의 '대(對)중국' 투자를 유도했다. 한편 노동집약적 임가공 기업을 중심으로 한국 기업들이 값싼 노동력을 활용할 목적으로 중국에 적극 진출했다.

2단계는 2001년부터 2015년까지로, 한국은 중국의 중간재 조달처로서, 중국은 한국 기업에게 구매력을 가진 거대 시장으로서 각각 매력을 가졌다. 중국에게 한국은 여전히 기술 및 자본 등에서 협력할 가치가 있었고, 급증하는 수출품 제조에 필요한 중간재를 상당 부분 한국으로부터 조달했다. 한편, WTO 가입 이후 급속한 경제성장을 바탕으로 한 중국인의 구매력 상승과 거대한 내수 시장은 한국 기업에게 중요한 매력 요소였다. 이러한 배경에서 이 시기 한국의 '대(對)중국' 수출 의존도는 25% 수준까지 이르렀다.

3단계는 2015년부터 현재까지로, 반도체 산업 등을 중심으로 양국의 경제 교류가 이루어지고 있다. 중국의 기술력이 급성장하면서 2010년대 중반 이후 한중 사이의 기술 격차는 상당히 축소하였고, 이 때문에 그동안 한국이 갖고 있던 기술 매력이 상당 부분 상실되었다. 그나마 반도체와 배터리 등 분야에서 한국이 여전히 기술 경쟁력을 가지고 있어, 이 분야를 중심으로 한중 경제 교류 및 협력이 이루어지고 있다. 2023년 한국의 반도체 수출국 중에서 중국 본토(35.8%)와 홍콩(14.1%)이 전체의 49.9%를 차지한 것이 이를 대변해 준다.

이러한 상황에서 중국의 기술력은 점점 더 발전하고 있고, 미·중 전략경쟁이 심화하면서 다양한 분야에서 한중 경제 협력이 제약받고 있다. 그리고 글로벌 기후변화에 대한 대응 차원에서 그린 전환(GX)이 이루어지고 있고, 디지털 기반의 경제 전환(DX)이 급속도로 추진되고 있다. 또한 중국 경제는 중저속 성장 시대로 진입했고, 한중 양국 모두 저출산과 고령화의 사회적 문제에 직면해 있다.

이에 따라 한중 경제 협력은 또다시 새로운 전환점을 맞이하게 됐다. 그렇다면 우리는 향후 중국과 어떻게 경제 협력을 모색해 나가야 할 것인가? 우선 중국을 제조, 기술 강국 및 거대 소비시장으로 인식하는 '대(對)중국' 인식의 전환이 필요하다. 중국을 값싼 노동력을 바탕으로 한 생산공장이 아닌 거대 소비시장이자 첨단산업에 있어서 선도자, 경쟁자, 협력자로서 복합적으로 인식할 필요가 있다. 또한 그동안 중간재 수출을 중심으로 한 '대(對)중국' 경제 교류 및 협력의 한계를 인지하고 중국을 최종 소비재 시장으로 설정하여 보다 적극적으로 중국 진출을 모색할 필요가 있다. 예를 들어, 한중 자유무역협정(FTA) 서비스 투자협정을 통한 '대(對)중국' 서비스 시장 진출을 가속화 할 필요가 있으며, 트럼프 2기 행정부의 미국이 소극적인 태도를 보일 것으로 예상되는 글로벌 기후변화 대응 및 그린 경제 분야에서 보다 적극적으로 협력해 나가야 할 것이다.

한편, 4차 산업혁명의 가속화와 미·중 전략경쟁의 심화 속에서 경제안보(economic security) 이슈가 점점 더 중요해지고 있고, 이것이 한중 경제 관계에도 직간접적으로 영향을 끼치고 있다. 이런 상황에서 우리는 크게 3가지 방향을 가지고 '대(對)중국' 경제 안보 정책을 전개해 나갈 필요가 있다.

첫째, 특정 국가에 대한 지나친 경제 의존성이 경제 안보의 민감성(sensitivity) 측면에서 바람직하지 않기에, 중국과의 경제 교류와 협력은 지속해 나가되 수출입 시장을 보다 다양화하는 노력이 필요하다. 특히, '대(對)중국' 의존도가 높은 핵심 광물에 대한 안정적인 확보를 위해 다각적인 방안을 마련해 두어야 한다.

둘째, 산업 및 기술 분야에서 '대(對)중국' 협력 기준을 정교하게 설정하여, 협력할 수 있는 분야와 협력이 어려운 분야 등을 명확히 하며 경제 안보 이슈에 대응해야 한다. 다만 정치적으로 덜 민감하면서도 미래 산업 육성에 필요한 기초과학 분야에서는 인재 교류 등 보다 적극적으로 중국과 협력해 나갈 필요가 있다.

셋째, 안정적인 경제 안보 환경을 구축하기 위해서는 다양한 대비책을 마련하는 것과 동시에 상대국과의 신뢰를 구축하는 것이 필요하다. 그런 만큼 '대(對)중국' 경제 안보 정책을 추진하는 과정에서 중국과의 신뢰 관계를 재구축하는 작업이 병행되어야 할 것이다.

■ **참고 자료**

〈그림 4〉 한국의 주요 반도체 수출입국

국가	수출(백만 달러)	수입(백만 달러)	수출 비중(%)	수입 비중(%)
중국	46,897	26,855	35.8	25.3
홍콩	18,531	1,082	14.1	1.0
베트남	16,079	3,527	12.3	3.3
대만	11,383	19,170	8.7	18.1
미국	10,677	10,938	8.1	10.3
싱가포르	5,691	5,970	4.3	5.6
일본	3,153	16,623	2.4	15.7
독일	1,126	3,275	0.9	3.1
네덜란드	845	5,766	0.6	5.4
합계	114,382	93,206	87.3	87.9

자료: KIEP(2024)

〈그림 5〉 10대 전략 핵심 광물 중 수산화리튬의 국가별 수입 현황 (2024년 1~6월)

		수입액		수입량	
		금액(백만불)	비중(%)	중량(톤)	비중(%)
	총계	940.1	100.0	54,240	100.0
1	중국	784.1	**83.4**	45,127	**83.3**
2	칠레	112.0	11.9	6,712	12.9
3	미국	26.8	2.8	1,033	2.1

자료: 한국무역협회 K-stat(HS코드 2825.2020000)

〈그림 6〉 10대 전략 핵심 광물 중 황산코발트의 국가별 수입 현황 (2024년 1~6월)

		수입액		수입량	
		금액(천불)	비중(%)	중량(톤)	비중(%)
	총계	2,213	100.0	348	100.0
1	중국	2,200	**99.4**	346	**99.4**
2	핀란드	13	0.6	2	0.6

자료: 한국무역협회 K-stat(HS코드 2833.292010(이차전지 제조용 황산코발트))

중국과 어떻게 다시 신뢰를 구축할 것인가?

한국과 중국은 1992년 수교 이후 부침은 있었지만, 전반적으로 관계를 꾸준히 발전시켜 왔다. 1992년 '우호협력 관계'에서 시작하여 1998년에 '21세기를 향한 협력 동반자 관계'로 발전했고, 2003년에는 '전면적 협력 동반자 관계', 2008년에는 '전략적 협력 동반자 관계'로 업그레이드되었다. 그리고 박근혜 정부 시기인 2014년에는 '성숙한 전략적 협력 동반자 관계'로 발전했는데, 이듬해인 2015년에 박근혜 대통령이 중국의 전승절 70주년 행사에 참석하며 역대 최고의 관계를 과시했다.

하지만 2016년부터 불거진 사드 배치 논란을 계기로 한중 관계는 순식간에 최고에서 최악으로 추락했다. 양국 간 각종 대화가 중지되고 중국에서는 비공식적으로 한한령(限韓令)이 내려졌으며, 중국인들의 한국 관광도 끊기는 등 다방면에 걸쳐 한중 관계가 냉각됐다. 이는 한국인의 '대(對)중국' 인식에도 영향을 끼쳤는데, 2021년 한국리서치가 실시한 여론조사 결과에 따르면, 한국인이 중국에 대해서 부정적인 인식을 갖게 된 구체적인 사건이나 행위 중에서 중국의 사드 보복이 황사·미세먼지, 코로나19, 불법조업에 이어 4위로 나타났다. 자연적, 불가항력적 현상이나 비교적 일시적인 현상을 제외하면 사드 배치 문제가 한중 관계에 미친 부정적인 영향이 상당했음을 알 수 있다.

이와 함께 미·중 전략경쟁이 심화되고 있는 상황을 고려하여 미국과 지속해서 협력을 해 나가되, 이것이 중국에 대한 공동 견제로 비추어지지 않도록 세심한 외교적 노력을 기울어야 한다.

한미동맹은 우리의 대외정책에서 가장 중요한 가치 중의 하나이다. 이에 따라 미국과의 다양한 정책 협력을 추진하는 것은 당연한 일이나, 자칫 미국의 '대(對)중국' 견제 정책에 의도치 않게 연루되는 상황이 발생하지 않도록 경계해야 한다. 예를 들어, 중국의 반도체 산업에 대한 미국의 제재 조치에 대해서 합리적인 근거 유무와 국제 자유무역 질서에 미치는 영향, 한중 경제관계에 미치는 영향 등을 종합적으로 고려하여 신중하게 동참 여부를 판단해야 할 것이다. 또한 미국이 아닌 우리의 국익을 중심으로 판단하는 자세가 필요하다. 미국이 우리의 대외관계에 있어서 아주 중요한 파트너인 것과 마찬가지로 중국 또한 우리의 국익 실현을 위해 소홀히 할 수 없는 중요한 파트너이기 때문이다. 양자택일의 논리에서 벗어나 우리의 국익을 중심으로 유연하게 대응하는 외교정책을 견지해야 한다.

중국과의 신뢰 구축을 위해서 또 한 가지 빼놓을 수 없는 중요한 것이 있다. 바로 한중 관계의 미래를 책임질 한중 청년층 사이의 신뢰 관계를 구축하는 작업이다. 미국의 퓨리서치 센터가 2020년에 전 세계 사람들을 대상으로 조사한 '대(對)중국' 인식 조사 결과에 따르면, 우리와 관련하여 아주 흥미로운 사실 하나를 발견할 수 있다. 전반적으로 중국에 대한 세계 각국의 인식이 좋지 않은 가운데, 고령층이 젊은 층보다 중국에 대해 부정적인 인식을 갖고 있는 것으로 나타났다. 하지만 한국은 예외적이었는데, 한국에서는 젊은 층이 고령층보다 중국에 대해 부정적인 인식을 갖고 있는 것으로 나타났다. 그 원인에 대해서는 깊이 있는 분석이 필요해 보이지만, 분명한 것은 한중 관계의 미래를 위해서는 한중 청년층 사이의 상호 인식을 개선하고 신뢰를 구축하는 작업이 시급하다는 점이다.

〈그림 7〉 주요국의 연령대별 대중국 인식 (2020년)

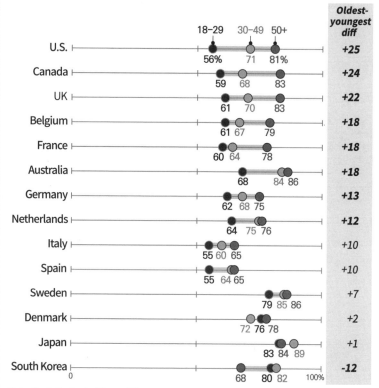

Older people often see China more negatively

% who have an __unfavorable__ view of China

Note: Statistically significant differences in **bold**.
Source: Summer 2020 Global Attitudes survey. Q8b.
"Unfavorable Views of China Reach Historic Highs in Many Countries"
PEW RESEARCH CENTER

미래의 주역인 청년층에서의 한중 상호 비호감을 어떻게 해소해 나갈 것인가?

　한중 청년층 간의 상호 비호감을 해소하는 것은 동아시아 지역의 미래 관계와 안정을 위해 중요하다. 한중 양국은 역사적, 정치적 갈등이 여전히 존재하며, 이는 청년층에게도 영향을 미친다. 복잡한 갈등을 극복하고 상호 이해와 협력을 촉진하기 위해서는 다양한 접근 방식이 필요하다고 할 수 있는바, 비호감 해소 방안으로 5개의 방안을 제안하고자 한다.

　첫째, 교육과 문화 교류 확대이다. 청년층 간의 비호감은 상호 이해 부족에서 비롯된다고 할 수 있다. 이를 해결하기 위한 주요한 방법 중 하나는 교육과 문화 교류를 강화하는 것이다. 대학생 및 연구자들이 상호 국가에서 학습하고 연구할 수 있는 기회를 확대하는 것이 중요한데, 교환학생 프로그램, 공동연구 프로젝트, 세미나 등을 통해 청년들이 서로의 문화와 역사에 대해 더 잘 이해할 수 있다. 그리고 문화 행사 및 예술 교류를 증진해야 한다. 영화제, 음악회, 전시회 등 문화 행사와 예술 교류를 통해 양국 청년들이 서로의 문화에 대해 긍정적인 경험을 쌓을 수 있도록 기회를 제공해야 한다. 한국과 중국의 영화, 음악, 미술 등 문화 산업의 협력은 청년층의 긍정적 관심을 끌 수 있는 기회요인으로 작용할 수 있다. 또한 디지털 플랫폼을 통한 교류는 물리적 거리나 시간의 제약 없이 상호작용을 촉진할 수 있을 것이다.

둘째, 상호 존중과 이해 증진을 위한 대화의 장 마련이다. 비호감의 해소는 상대방에 대한 이해와 존중을 바탕으로 이루어지는바, 청년들이 서로를 이해하고 존중할 수 있는 대화의 기회를 마련하는 것이 중요하다. 양국 청년들이 직접 만나거나 온라인을 통해 열린 토론을 할 수 있는 기회를 제공하고 역사 문제나 현안 갈등에 대해 서로 의견을 나누되, 감정적으로 격화된 논의를 피하면서도 솔직하게 의견을 교환할 수 있는 안전한 공간을 마련하는 것이 관건이다. 특히, 공동의 관심사라 할 수 있는 환경 보호나 사회적 불평등 문제 해결을 위한 공동 프로젝트를 추진하는 것도 방안이다. 이러한 경험은 상호 이해를 증진하고 갈등을 해소하는 데 큰 도움이 될 수 있다.

셋째, 역사적 갈등에 대한 교육과 재조명이다. 한중 청년층 간의 비호감은 역사적 갈등에 대한 감정적 반응에 기인한 경우가 많다. 이를 위해서는 양국의 역사 교육이 일방적이지 않고 균형 잡힌 시각을 제공할 수 있도록 하는 것이 중요하다. 예를 들어, 서로의 역사적 경험에 대해 공정하고 사실에 기반한 교육을 통해 청년들이 왜곡된 역사 인식을 갖지 않도록 해야 한다. 양국의 역사 전문가들이 함께 참여하는 공동연구 프로젝트나 학술 대회를 통해 양국의 역사적 사건에 대한 다양한 관점을 나누고 이해하는 기회를 제공하고 이를 통해 단편적인 정보에 의한 편견을 줄이면 역사 갈등을 점차 해소해 나갈 수 있을 것이다.

넷째, 미디어의 역할 강화이다. 미디어는 양국 청년층의 인식에 큰 영향을 미치므로, 양국의 미디어가 상호 이해를 촉진하는 방향으로 나아가

도록 유도하는 것이 바람직하다. 한중 양국의 미디어는 서로에 대한 편견을 줄이고, 긍정적인 사례나 협력적인 이야기를 적극적으로 전파해야 한다. 예를 들어, 양국 청년들이 함께 성공적으로 협력한 사례나 서로의 문화를 존중하는 모습을 다룬 콘텐츠를 한중이 공동으로 제작하고 배포하는 것도 방법이다.

다섯째, 경제적 협력 및 공동의 목표 설정이다. 경제적 협력은 청년층의 상호 비호감을 해소하는 중요한 동력이 될 수 있다. 서로의 경제적 이익을 공유하고 협력을 통해 실질적인 혜택을 느낄 수 있다면 갈등은 자연스럽게 줄어들 것이다. 또한 양국의 청년들이 함께 창업하거나 혁신적인 프로젝트를 추진할 수 있는 환경을 조성하는 것이 중요하다. 예를 들어, 한중 청년들이 협력하여 스타트업을 운영하거나 새로운 기술을 개발하는 등의 활동을 통해 상호 유익한 관계를 구축할 수 있을 것이다. 아울러 양국 정부나 민간 차원에서 청년들을 위한 경제적 지원 프로그램을 마련하는 것이 필요한데, 한중 청년들이 참여하는 인턴십, 취업 지원 프로그램, 경제적 기회 제공 등이 긍정적인 영향을 미칠 수 있다.

한중 청년층 간의 상호 비호감을 해소하는 것은 다소 시간이 걸릴 수 있지만, 교육과 문화 교류, 대화의 장 마련, 역사적 이해 증진, 미디어의 역할 강화, 경제적 협력 등을 통해 해결할 수 있다. 양국 청년들이 서로를 존중하고 협력할 수 있는 기반을 마련하는 것이 중요하며, 이러한 과정은 장기적으로 한중 관계를 보다 긍정적인 방향으로 이끌어 가는 데 기여할 것이다.

이재명이 생각하는 한중일 협력 방안에 대한 비전은?

한중일 협력은 동아시아 지역의 안보와 경제, 문화 발전에 핵심적 역할을 할 수 있다. 한중일 삼국은 역사적, 경제적, 정치적으로 깊은 연관이 있으나, 동시에 다양한 도전과 갈등도 존재한다. 이러한 배경 속에서 한중일 협력을 강화하기 위한 5개 방안을 다음과 같이 제안한다.

첫째, 경제적 협력 강화이다. 한중일 세 나라 모두 경제적으로 중요한 위치에 있어서 삼국 협력을 통해 경제적 상호 의존성을 높이는 것이 지역 발전에 도움이 될 수 있다. 무엇보다 한중일은 서로 중요한 무역 파트너이다. 삼국은 공급망을 공유하고 있기에, 교역 확대와 함께 공동의 공급망 안정화 노력도 중요하다. 한중일은 아시아-태평양 자유무역협정인 '역내포괄적경제동반자협정(RCEP)'의 일원으로 활동하고 있다. 이 협정의 효과를 극대화하고, 기존의 자유무역협정 (FTA)을 활용해 무역 장벽을 줄여 경제적 협력을 심화시켜야 한다. 또한 인공지능, 빅데이터, 5G 등 디지털 경제 관련 협력도 중요한 분야로 꼽을 수 있다.

둘째, 안보 및 평화적 협력이다. 동아시아는 안보적으로 민감한 지역인바, 한중일 협력은 지역 안정과 평화를 위한 중요한 기반이 되어야 한다. 특히 한중일은 모두 북한 문제에서 중요한 역할을 해야 하고, 세 나라가 협력하여 북한의 비핵화와 평화적 해결을 위한 공동의 방안을 모색해야 한다. 무엇보다 북한의 핵·미사일 위협에 대응하기 위한 정보 공유와 외교적 노력이 강화되어야 할 것이다. 아울러 한중일 간의 군사적 신뢰를 구축하기 위한 노력도 중요하다. 정기적인 군사 대화나 군사 훈련, 해양 안보 협력 등을 통해 갈등을 예방하고, 지역 내 군사적 긴장을 완화하는 노력이 필요하다. 미국, 러시아 같은 외부 강국들과의 협력도 중요하나. 한중일 간의 공동 협력은 지역 내 안정을 위한 중요한 요소라 할 수 있다.

셋째, 문화 및 사회적 협력이다. 한중일 간의 문화적 교류는 상호 이해와 존중을 바탕으로 협력을 증진할 수 있다. 특히, 세 나라 간의 인문학, 교육, 예술 분야에서 교류를 확대하는 것이 중요하다. 구체적으로 학생 및 학자들의 교류 프로그램을 활성화하고, 각국의 언어와 문화에 대한 이해를 깊이 있게 할 수 있는 장을 마련해야 한다. 또한 삼국 간 관광 산업을 활성화하여 상호 이해를 증진시킬 필요가 있다. 영화제, 전통 예술 행사 등의 공동 행사를 통해 상호 문화에 관심과 이해를 높이는 계기를 더욱 활성화해야 한다.

넷째, 환경 및 기후 변화 협력이다. 기후 변화는 전 세계적으로 중요한 문제이며, 한중일은 모두 환경 문제에 적극적으로 대응해야 한다. 한중일 삼국은 기후 변화에 대한 공동의 대응에 있어 탄소 배출 감소, 재생 가능 에너지 개발, 환경 보호 등을 위한 공동 연구와 정책 협력에 주력하고, 특히 아시아 대기 오염 문제를 해결하기 위한 협력에 관심을 기울여야 한다. 또한 자연재해가 빈번한 지역인 만큼 세 나라가 협력하여 재난

대응 시스템을 강화해야 한다. 예를 들어, 지진, 태풍, 홍수 등에 대한 정보 공유와 공동 대응 체계를 구축하는 것이 필요하다.

다섯째, 국제적 협력 및 다자주의 공조이다. 한중일 협력은 다자주의적 접근을 통해 글로벌 문제 해결에 기여할 수 있다. 한중일 3국은 유엔(UN), 세계무역기구(WTO), 세계보건기구(WHO), 기후변화협약(UNFCCC) 등 다양한 국제기구에서 협력하고, 기후 변화, 보건, 경제 불평등 등 글로벌 문제에 대해 공동으로 대응하는 것이 필요하다. 또한 다자주의적 접근을 통해 공통의 이해를 바탕으로 협력하고, 다양한 국제 문제에 대해 공동의 해결책을 제시하는 비전을 제시해야 한다.

5

한반도와 일본

바람직한 한국 외교의 새로운 대일 접근은 어떤 것이어야 하는가?

한일 관계를 표현하는 수많은 수식어 가운데 가장 많이 쓰고 듣는 것은 '가까우면서도 먼 관계'일 것이다. 가깝다는 것은 지리적 위치, 역사, 문화, 경제적 연계성, 자유민주주의 체제의 공유 등을 이야기하는 것이며, 반대로 멀다는 것은 과거사에 대한 인식의 차이, 독도 관련 영유권 주장 등이 대표적이라 할 수 있다.

전후 한일 관계는 1965년 6월 22일 '대한민국과 일본국 간의 기본 관계에 관한 조약' 조인으로 출발했다. 당시 한국은 경제 발전을 위한 기초 자금이 필요했다. 양국 정부는 1951년부터 1965년 타결까지 약 14년이라는 오랜 기간 동안 회담은 중단과 재개를 반복했다. 일본은 개인 배상을 제안한 반면 우리 정부는 국가에 대한 배상을 일본에 요구했다. 이후 한국은 정부 간 배상이 끝났다는 점에는 동의하나 개인적 배상은 잔재한다는 입장을, 일본은 개인 배상청구권은 인정하나 그것을 국가가 외교적으로 보장해서는 안 된다는 입장을 보이고 있다. 결국 한일기본조약에서 개인 배상청구권은 '이미 무효'라는 중의적 표현을 사용해 애매하게 맺은 조약이라는 비판과 함께 여전히 한일 간 갈등 요인으로 작용하고 있다.

1990년대 이후 한일 관계는 청산되지 못한 역사 문제와 강력한 경제력을 바탕으로 한국을 경시하는 망언 등으로 갈등을 빚기도 했다. 그러나 1993년 고노담화로 위안부 문제에 있어 강제성과 일본군의 관여를 인정했다. 1995년 당시 총리였던 무라야마 도미이치는 '전후 50주년 특별담화'를 통해 식민지 지배에 대한 '통절한 반성과 마음에서의 사죄'를 문서화 했다. 일본 내에서도 역사 인식과 관련 전향적 태도를 보이기도 했다. 1998년 10월 8일, 당시 김대중 대통령과 일본의 오부치 게이조 총리가 한일 양국 간 불행한 역사를 극복하고 미래지향적인 관계를 발전시키기 위해 과거사 인식을 포함한 11개 항의 '21세기의 새로운 한일 파트너십 공동선언'을 발표했다. 이 공동선언이 갖는 함의는 상당히 깊다. 먼저 전후 처음으로 과거사에 대한 일본의 반성과 사죄가 한일 간 공식 합의 문서에 명시되었다. 물론 1995년 무라야마 담화가 있었으나, 대상이 '아시아 제국의 국민'이었다면 21세기 한일 파트너십 공동선언은 '한국 국민'을 대상으로 했다는 차이점이 존재한다. 이 공동선언문 부속 문서로 ▲ 정상회담 연 1회 이상 실시, ▲ 대북 정책 공조, ▲ 민관투자촉진협의회 개최, ▲ 청소년 교류 확대 등 5개 분야 43개 항목의 '21세기의 새로운 한일 파트너십을 위한 행동계획'도 채택했다. 아울러 한일 안보 협력, 일본 수출입은행의 차관 제공, 일본 대중문화 개방, 한국 공과대학 학부 유학생의 일본 파견 등을 약속했다.

이후 노무현, 이명박, 박근혜, 문재인 정부를 거치는 동안 21세기 파트너십 공동선언을 계승한다면서도 한일 간 역사 갈등은 끊임없이 반복되었다. 한일 관계가 정치적 이념상에서 해석되어 갈등 요인이 증폭되기도 했고, 극우적 성향의 아베 전 총리와 같은 인사가 장기 집권하면서 역사 갈등이 경제, 인적 교류 등까지 확장되기도 했다.

새로운 대일 접근은 급변하는 국제정세 속에서 한국의 국익에 중점을 둔 실용주의에 기반할 필요가 있다. 이미 한일 관계는 과거와 같은 비대칭적 관계가 아닌 대칭적이자 수평적 관계이다. 따라서 한국의 위상에 걸맞은 대일 접근이 필요하다. 1998년 21세기 파트너십 공동선언을 바탕으로 변화된 국제정세와 달라진 세대들에 맞는 실용주의 접근을 대일 외교에 접목할 필요가 있다. 다만 역사 갈등은 일관된 우리 정부입장을 유지하되, 한일 외교의 전면에 등장하여 한일 관계 전반을 훼손하는 것은 지양하는 것이 바람직할 것이다.

– 이재훈

일본은 한국과 안보 협력을 할 용의가 있는가?
일본은 우리에게 안보적으로 도움이 되는 나라인가?

메이지 시기 제국주의 일본에게 한반도는 일본을 향한 단검, 즉 일본을 공격할 수 있는 중요한 거점으로 여겨졌다. 아니 그렇게 억지 주장하면서 조선 침략을 정당화시켰다. 일본 총리를 지낸 야마가타 아리토모는 1888년 제국의회 첫 회의에서 일본의 안보관을 한마디로 '한반도는 일본의 주권선, 만주는 일본의 이익선'이라는 섬뜩한 문장을 남겼다. 결국 일본은 1910년 대한제국을 강제병합하고 나서 1932년 청나라 마지막 황제인 푸이를 괴뢰로 내세워 만주국을 세웠다. 1937년 중국을 본격적으로 침략하면서 중일전쟁이 발생하였고, 1941년 진주만을 공습하면서 태평양전쟁으로 확전을 거듭하였다. 결국 일본 제국주의의 한반도를 향한 야망은 1945년 8월 히로시마와 나가사키에 원폭이 투하되면서 처절한 패전으로 끝났다.

전후에도 한반도는 일본에 안보상 매우 중요한 지리적 공간으로 남아 있다. 일본은 한반도 전체가 아니더라도 최소한 한반도 남부는 안보상 이익을 공유하거나 한일 안보 협력이 가능한 국가이기를 기대하고 있다. 1950년 한국전쟁이 일어났을 때 일본은 미군의 후방기지로서 역할을 하였다. 주일미군 기지는 한국전쟁에 직접 참가한 중요한 주체였고, 미군의 인적·물적 자원을 공급하는 보급, 치료, 휴양 기능을 담당하였다. 실제로 한국전쟁 당시 일본 해군이 소해정을 타고 기뢰 제거에 동원되어 일부 사망하기도 하였다. 1965년 한일 양국이 무려 14년에 걸친 협상 끝에 국교정상화에 이르게 된 배경에는 일본 대기업의 한국 진출 의욕에 더하여 부산 적기론(赤旗論), 즉 부산이 공산화되면 가까운 일본이 위기에 빠진다는 안보 논리가 포함되어 있었다.

한국전쟁 이후 한미동맹이 맺어졌고, 냉전기 동북아 지역에서 한미동맹(1953년)과 미일동맹(1951년)이 반공의 보루로 작용하였고 지금도 거의 달라지지 않았다. 공산주의 세력의 위협에 대항해서 미국은 한국과 일본에 주한, 주일미군을 배치하였고, 한일 양국에 미국의 시장을 열어주었다. 미국은 한미, 미일 양자 동맹을 강화한 한·미·일 동맹 또는 준동맹 구축이 일관된 목표였으나, 한·일 간 역사와 영토쟁점으로 인하여 제대로 추진되지 못했다.

2023년 8월에 체결된 한·미·일 캠프데이비드 협정은 중국의 군사적 위협과 대만 유사사태 대비, 북한의 핵·미사일에 대한 공동 대응, 미국 주도의 QUAD(미국, 일본, 인도, 호주 4자간 안보 대화), AUKUS(미국, 영국, 호주 3자간 안보 협의체), 한일 양국의 인도-태평양 전략 동참 등이 포함된 한·미·일 안보 협력을 제도적·지리적으로 확대한 것이었다. 이에 따라 한일 간 안보 협력은 더욱 강화되고, 일본은 대북, 대중 억지력에서 유리한 기제를 확보하게 되었다. 예를 들어 2024년 7월 들어 한국의 합참의장과 일본 통합막료장은 미국 합참의장을 포함한 3개국 모임에서 한·미·일 간 미사일 경보정보 실시간 공유체계를 강화하기로 확인하였다.

물론 한반도 유사시 일본의 역할은 중요하다. 육군 중심으로 구성된 주한미군의 대북 억지력은 두말할 깃도 없지만, 주로 해·공군과 해병대로 구성된 주일미군이 바로 투입될 가능성이 높다. 일본은 한국전쟁 당시 설치된 유엔사령부 회원국은 아니지만, 일본 내 주일미군 7개 기지는 유엔사 후방기지로 역할을 수행하고 있다. 이들 기지는 한반도 유사시 미국을 중심으로 각국의 병력이나 장비가 반입되는 거점으로 전시에 중요한 역할을 수행하게 된다. 일본 내 유엔사 기지를 지휘하는 유엔군 사령관은 주한미군 사령관이 겸직하고 있다. 미국 육군의 4성 장군이 임명되는 주한미군 사령관은 한미연합사 사령관까지 겸직하고 있다. 당연히 한반도 유사시 주한미군 사령관은 일본 내 유엔사 7개 기지를 통합 지휘하며, 이것이 한국 안보에 중요하다는 것은 두말할 나위가 없다.

- 양기호

일본은 왜 정권교체가 거의 이루어지지 않고 자민당만 주로 집권할까?

    1955년 11월 자유당과 민주당의 합당으로 탄생한 자유민주당(이하 자민당)은 창당 이래 약 70년간, 일정한 시기를 제외하고, 집권 여당의 자리를 지켜오고 있다. 2009년~2012년간 일본민주당 집권, 1993년 7월부터 10개월간 야당의 연립정권 기간 약 4년을 제외하면 합계 66년 이상에 걸친 장기 집권이다. 이러한 경우는 공산국가를 제외한 민주주의 국가에서 거의 유례를 찾아보기 어렵다. 스웨덴 사회민주당의 44년 집권, 이스라엘 노동당의 29년 집권 등에서 비슷한 사례를 찾을 수 있지만 일본 자민당에는 한참 못 미친다. 중국공산당과 같은 공산주의 국가의 일당독재 또는 스페인 내전에서 승리한 프랑코 국민당의 40년 독재체제가 아닌, 정당 간 자유경쟁이 민주적으로 보장된 가운데 하나의 정당이 오랫동안 압도적인 우위를 보일 때 우리는 이를 '우월정당'이라고 부른다.

    일본은 정권교체가 거의 없는, 세계에서 보기 드문 '우월정당'의 대표적인 사례이다. 대통령제인 미국은 민주당과 공화당이 번갈아 집권하고 있으며, 한국도 진보와 보수 간 정권교체가 빈번히 일어났다. 의원내각제인 영국은 보수당과 노동당이 교대로 집권 여당이었고, 독일도 사회민주당과 기독교민주당을 중심으로 한 연립여당이 자주 교체되었다. 스웨덴 사회민주당이 1932~1976년간 44년, 이스라엘 노동당이 1948~1977년 동안 29년 집권하였으나 1980년 이전인 점을 감안하면, 최근까지 우월정당으로 남아있고 앞으로도 그럴 가능성이 높은 일본 자민당은 극단적인 예외에 해당한다.

1947년 평화헌법 아래 첫 총선거 이후 일본의 주요 정당은 보수정당인 자유당과 민주당, 진보정당인 사회당과 공산당 등으로 구성되었다. 1955년 11월 자유당과 민주당이 합당하면서 의석의 2/3를 차지한 반면 사회당은 1/3 정당에 머물러 있었다. 더구나 사회당은 서독 사민당이 고데스베르크 강령을 발표하면서 현실주의 노선을 걸었던 것과 달리 자위대 위헌, 천황제 폐지와 같은 극단주의 노선을 지속하였다. 그 결과 일본의 대다수 유권자는 사회당을 수권정당으로 인정하지 않았다. 1960년대 다당화 현상이 두드러지면서 1964년 11월 공명당이 생겨났고, 2015년 11월 일본유신회(오사카유신회로 출발 후 당명 변경)의 탄생, 소련 해체 이후 사회당의 몰락(이후 사민당으로 변경) 등을 겪으면서 일본 야당은 더욱 다당화되는 현상을 보였다.

2009년 자민당에서 이탈한 진보 성향의 의원들이 중심이 된 일본민주당이 총선거에서 압승하면서 수평적인 정권교체가 이루어졌다. 그러나 정치적 리더십 결여, 관료 조직과의 갈등, 3·11 동일본대지진 대처 실패 등으로 다시 자민당이 집권하였고 오늘날에 이르고 있다. 자민당은 공명당과 연립정권을 구성하고 있으며, 야당은 입헌민주당을 중심으로 일본유신회, 국민민주당, 일본공산당으로 분열된 상태로 남아있어 극적인 변화가 없는 한 당분간 정권교체를 기대하기 어렵다. 2024년 12월 현재 일본 내 정당 지지율은 자민당 26.8%, 입헌민주당 17.2%, 국민민주당 5.7%, 일본 유신회 4.8%, 공산당 3.8%, 공명당 2.9% 등으로 나와 있다.

일본 자민당의 장기 집권은 전통적으로 보수적인 일본 국민의 정치 성향, 자민당 내 다양한 정치 이데올로기를 지닌 파벌 간 유사 정권교체, 중의원 가운데 1/3에 달하는 세습 정치가의 존재로 정치적 변화를 기대하기 어려운 점, 대지진과 쓰나미 등 잦은 자연재해로 정치적 안정을 지향하는 국민성 등의 배경이 있는 점도 무시할 수 없다.

- 양기호

일본은 왜 과거를 반성하지 않는가?

　일본은 독일과 비교하여 과거를 반성하지 않는다는 지적이 많다. 독일의 경우 프랑스와 폴란드에 엄청난 규모의 영토를 할양했을 뿐만 아니라, 제2차 대전 유태인 학살과 주변국 침략에 대한 전쟁 범죄를 공교육에서 가르치고 있다. 독일정부와 기업이 공동으로 100억 마르크의 기금을 출연하여 2000년 8월 기억·미래·책임 재단을 설립하고 피해자에 대한 개인보상을 실시한 바 있다.

　일본의 과거사 반성이 부재한 이유는 1945년 일본의 패전과 미점령군의 전후처리로 거슬러 올라간다. 일본을 점령한 미군은 천황의 정치권력이 배제된 상징천황제를 도입하고 전쟁을 포기한 평화헌법을 일본에 이식하였다. 도쿄재판에서 전쟁을 일으킨 A급 전범들을 처벌하는 것에 초점을 맞추고 전전 제국 군대의 통수권을 지녔던 천황의 전쟁책임을 면제한 것이었다.

　1947년 유럽에서 트루먼 독트린 발표와 미·소 냉전이 본격화되고 1950년 한국전쟁이 발발하면서 일본은 아시아에서 자유진영의 방파제로 인식되었다. 1951년 9월 샌프란시스코 강화조약에 따라 일본이 독립하면서 과거 전쟁을 수행했던 상당수 전범들은 다시 정치계로 복귀하였다. A급 전범으로 기소되었던 기시 노부스케(아베 총리의 외조부)가 다시 총리로 돌아온 것은 전형적인 사례이다. 미·소 냉전이 격화되자, 미국과 일본은 미일동맹으로 반공의 보루를 구축하였고 한국도 이에 편입되었다.

1965년 한일 양국은 국교정상화를 이루어냈지만, 일본의 과거사 반성은 없이 유감을 표시한 수준에 그쳤다. 1910년 일본의 대한제국 강제병합이 한국은 불법, 일본은 합법이라는 주장이 평행선을 달렸고, 결국 해결되지 못한 채 해석상의 차이와 갈등 소재를 남기게 되었다.

또 하나 일본의 사죄를 불식시킨 중요한 사건으로 히로시마, 나가사키에 있어서 원자폭탄 투하가 있었다. 역사상 첫 원폭으로 인한 대량의 인명살상과 피해에 따른 후유증은 일본 국민이 가해자가 아니고 전쟁 피해자라는 인식을 뿌리 깊게 하였다. 제2차 세계대전 시 일본군의 만행에 대한 보도와 교육이 통제된 채 원폭 피해에 대한 추도가 일상화되면서, 다수 일본 국민에게 제2차 세계대전은 아시아에 대한 침략이라기보다는 미·일 간 태평양전쟁이었고 패전과 원폭 피해라는 이미지를 강하게 심어주었다.

한일 수교 이후 박정희 정권의 개발독재와 고도성장 과정에서 국내의 억압적인 분위기로 인해 과거사 쟁점은 적극적으로 논의되지 못했다. 1990년대 초반까지 일본 정부는 한국 정부와 피해자에 대해 과거사를 둘러싼 공식적인 사죄를 하지 않았다. 오히려 한일 간 중대한 과거사 쟁점인 일본군위안부, 강제동원 피해에 대해 부정하거나 왜곡하는 경우가 적지 않았다. 2024년 11월 일본 사도광산 유네스코 문화유산 등재를 둘러싸고 이를 지지한 한국에 대해 사죄를 표시하기는커녕, 강제징용을 부인하고 전시관에 조선인을 비하하는 표현을 넣기도 하였다.

물론 일본 정부는 수차례 반성과 사죄를 언급한 바 있다. 1991년 8월 김학순 할머니가 일본군위안부 피해 사실을 고백한 후 강제징용 소송이 이어졌고, 일본 국민은 아시아 각국에 대한 반성과 사죄에 공감하였다. 일본군위안부에 대한 강제동원을 인정한 고노담화(1993년 8월), 아시아에 대한 전쟁과 식민지배로 인한 피해와 고통에 사죄와 반성을 밝힌 무라야마 담화(1995년 8월), 식민통치에 대한 통절한 사죄와 반성을 언급한 김대중·오부치공동선언(1998년 10월), 한국인의 의지에 반해 강압적으로 체결된 한일병합에 대한 사죄한 간 나오토 담화(2010년 8월)가 있었다. 그러나 아베정권 당시 일본 정부의 거듭된 강제동원 부정, 일본 우파의 일본군위안부 역사 왜곡은 '사죄하지 않은 일본'의 이미지를 세계 각국과 한국 국민에 각인시키고 있다.

- 양기호

일본은 헌법개정, 군대 보유 등을 할 것인가?

일본의 평화헌법은 세계에서 보기 드문, 전쟁을 포기한 헌법으로 유명하다. 평화헌법 제9조1항은 국제분쟁을 해결하는 수단으로서 무력 사용을 영구히 포기한다고 되어 있고, 제9조2항은 1항의 목적을 달성하기 위해 육·해·공군 기타 군사력을 보유하지 않는다고 되어 있다. 세계평화를 지향하는 세계 각국의 헌법은 약 50개국에 달하며, 대한민국도 헌법 제5조에서 국제평화를 유지하며 침략전쟁을 부인한다고 되어 있다. 그러나 일본처럼 평화헌법 제9조2항에서 군사력 보유를 포기한 국가는 거의 사례가 없다. 물론 약 25만 명에 달하는 해상, 육상, 항공자위대가 있고 세계에서 제6위 군사력을 자랑하는 일본이지만, '방어적 자위력 보유는 평화헌법에 위배되지 않는 합헌'이라는 해석 개헌을 유지하고 있다.

일본의 평화헌법은 사실상 패전 후 일본을 점령한 연합군총사령부가 헌법안을 작성하고 일본국 의회가 이를 가결하면서 1947년 5월부터 시행되었다. 평화헌법은 일본이 두 번 다시 전쟁을 일으키지 않기 위한 안전장치로서 승전국 미국이 일본에 강요한 법적 규범이다. 1955년 당시 하토야마 총리와 같이 자주헌법론을 주장하면서 헌법개정을 추진하거나, 2012년 제2차 내각 이후 아베 신조 총리가 '전후 체제의 탈피'를 외치면서 헌법개정을 시도했지만 결국 성공하지 못했다. 미군정이 선물한 일본의 평화헌법에 대해 일본인 스스로 단 한 글자도 바꾸지 못한 셈이다.

적지 않은 일본인들도 반드시 헌법개정이 필요한가에 대해서는 의문을 표시하고 있으며, 일본 야당은 헌법수호를 주장해 왔다. 자민당도 사토 에이사쿠 총리가 1964년 11월 취임 당시 평화헌법이 '일본인의 피가 되고 살이 되어' 라고 언급하며 완전히 일본 국민 사이에 정착되었음을 강조하였다. 사토 총리는 1974년 평화헌법에 기초한 비핵3원칙(핵무기 제조, 보유, 반입의 금지)을 발표하여 노벨평화상을 수상한바 있을 정도이다.

2018년 자민당 헌법 개정안은 제9조1항과 2항을 그대로 유지하고 제9조2를 신설하여 '자위권을 인정하고, 자위대를 국군으로 한다는 조항'을 추가하고자 하였다. 그러나 연립여당인 공명당의 반대, 헌법개정에 대한 찬반양론의 대립, 중의원과 참의원을 통과해야 하는 정치적 부담으로 결국 성공하지 못했다. 현행 헌법에 따르면, 일본의 헌법개정은 중의원 2/3의 찬성과 참의원 2/3의 찬성이 필요하며, 양원을 통과 후 국민투표에 부쳐 과반수의 지지를 얻어야 한다. 이것은 현실적으로 헌법개정의 장벽이 매우 높다는 것을 의미한다.

일본 아베정권은 개헌까지 이르기에는 많은 난관이 있음을 시인하고, 결국 2015년 9월 실질적인 개헌작업을 추진하여 안보법제 개정에 성공하였다. 이에 따르면, 지금까지 금지되었던 집단적 자위권을 도입하고 자위대가 해외에서 무력행사 하는 것이 가능해졌다. 자위대법 등 10개의 기존 법규를 하나로 묶어서 개정한 평화안전법제 정비법과 국제평화지원법(2개를 합쳐서 안보법제라고 부름)이 참의원을 통과하면서 일본은 패전 70년 만에 언제 어디서나 전쟁할 수 있는 국가로 바뀌었다.

이는 실질적인 개헌에 성공한 셈이며, 전 세계 어디서나 미군과 공동으로 집단자위권을 행사할 수 있게 된 것이다. 아직까지 소극적인 전투 행위에 그치고 주로 미군 방호와 후방 지원이 대부분이지만, 사실상 전쟁 가능국으로 바뀐 점은 부인할 수 없다. 2022년 12월 기시다 총리는 국가안전보장전략, 방위계획대강, 중기방위력정비계획 등 3대 안보 문서를 개정함으로써 향후 5년간 방위비를 2배로 늘리고자 하였고, 북한에 대한 선제공격도 가능해졌다.

물론 당분간 헌법개정은 어려울 것이다. 이시바 시게루 자민당 정권은 2024년 10월 총선에서 참패하면서 15년 만에 소수 여당으로 전락했고, 연립여당 공명당의 개헌 반대는 여전히 그대로이다. 러시아-우크라이나 전쟁과 미일동맹 강화, 대만 유사 사태에 대비한 방위력 증강 압력은 있지만, 일본은 심각한 재정적자로 인해 방위비 증액이 쉽지 않은 상황에 처해있다. 2024년 5월 도쿄신문 여론조사에서 일본 국민의 65%는 헌법 개정을 서두를 필요가 없다고 응답하였다.

– 양기호

일본은 왜 독도에 집착할까?

일본이 독도에 집착하는 이유는 역사적, 경제적, 정치적 요인 등이 복합적으로 작용한다고 볼 수 있는데, 총 네 가지 이유로 정리할 수 있다.

첫째, 영토 수호의 이유다. 일본은 독도를 자국 영토라고 주장하고 이를 국가 정체성과 연계시키려는 의도가 있다. 영토 문제는 주권과 직결되기 때문에 일본 정부는 영토를 포기하지 않는다는 메시지를 국민에게 전달하고 특히 독도 문제를 강조함으로써 국내 결속력을 강화하려는 정치적 목적이 있다. 또한 일본은 러시아와 북방 4도 관련 영토 문제에 직면해 있으며, 만약 독도를 포기할 경우 북방영토 문제에도 상당한 영향을 줄 것으로 보고 있다.

둘째, 자원 확보 차원의 이유다. 독도 주변 해역은 어업 자원이 풍부할 뿐만 아니라 천연가스나 해저광물과 같은 잠재적 자원이 매장되어 있을 가능성이 높다. 독도를 확보하면 이러한 자원에 대한 권리를 주장할 수 있어 일본의 경제적 이익 관점에서 독도의 중요성은 크다고 할 수 있다.

셋째, 국내 정치적 활용의 이유이다. 일본의 정치인들은 종종 독도 문제를 제기하여 국민적 관심을 국내 문제(경제, 정치 위기 등)에서 외부로 돌리고자 한다. 이는 민족주의를 고취하고 지지층을 결집하기 위해 독도 문제가 유용하게 사용될 수 있음을 의미한다.

넷째, 국제사법재판소를 통한 해결을 지향하기 때문이다. 일본은 독도를 국제 사회에 분쟁 지역으로 인식시키려 한다. 분쟁 지역이 되면 독도 문제를 국제사법재판소(ICJ)로 가져가 해결할 수 있다는 전략적 판단이 작용한 것이라 볼 수 있다. 한국은 독도가 분쟁 지역이 아니며 명백한 한국 영토라는 입장을 고수하고 있어 이를 강력히 반대하고 있다. 한국은 독도가 역사적, 지리적, 국제법적으로 명백히 한국 영토임을 강조하며, 일본의 주장은 정당하지 않다고 강하게 반박하고 있다. 특히, 한국은 독도에 경찰을 배치하고 실질적으로 지배하고 있으며, 이를 통해 독도에 대한 주권을 확고히 하고 있다.

일본의 독도 집착은 단순히 영토 문제가 아니라, 그 배후에 다양한 경제적, 정치적 이해관계가 얽혀 있다는 점을 이해하는 것이 중요하다고 할 수 있다.

– 이재훈

소재·부품·장비 역량에서 한국은 자립할 수 있는가? 일본을 뛰어넘을 수 있을까?

일본은 한일 관계 악화를 빌미로 2019년부터 2023년까지 약 4년간 '소재·부품·장비(이하 소부장) 수출 규제'를 시행했다. 규제 대상은 반도체·디스플레이 핵심 소재인 감광액(포토레지스트), 불화수소, 플루오린 폴리이미드 3가지였다. 당시 한국은 감광액의 100%(JSR, TOK, 스미모토 등), 불화수소의 50%(Stella, 쇼와덴코 등)를 일본에서 수입할 정도로 대일 의존도가 높았다. 국내 '소부장' 업체들의 기술력이 미흡해 국산화가 쉽지 않았기 때문이다. 일본은 메모리·아날로그·로직 등 반도체 주요 제품군에 있어서는 경쟁력이 떨어지나, 소부장 기술력은 세계적으로 인정받을 정도로 우수하다. 소재산업은 글로벌 시장 점유율의 50%를, 장비산업은 30% 이상을 차지한다. 특히 2019년은 삼성전자가 세계 최초로 7nm 공정에 EUV를 도입하던 해여서 일본의 EUV 감광액 수급에 문제가 생길 시 EUV 파운드리 생산 로드맵에 차질이 불가피했다.

한편 일본 소부장 업체들도 타격을 크게 입었다. 삼성전자, SK하이닉스 등에 불화수소를 제공하던 모리타화학공업은 규제 개시 첫해 순이익이 직전년 대비 90% 감소했다. 당시 모리타화학공업의 불화수소 수출량은 한국 시장이 90% 이상을 차지했다. 이후 규제 4년 만인 지난 2023년

3월 16일 한일 정상회담 후 일본은 우리나라를 수출 우대 조치 대상인 '그룹 A(화이트리스트)'에 복원했다. 양국 간 소부장 협업을 다시금 확대하기 위함이다. 하지만 일본 소부장 업체들의 한국 수출 물량은 원상 복귀되지 않았다. 2020~2022년 우리나라 전체 불화수소 수입량에서 일본산이 차지하는 비중은 10%에 불과했다. 지난해에는 20%를 넘겼으나, 규제 이전 수준에는 못 미친다.

소부장에 대한 높은 대일 의존도를 빠르게 해소할 수 있었던 것은 국내 주요 기업과 정부의 적극적인 국산화 작업 덕분이다. '일본 리스크'를 경험한 우리 기업들은 대일 의존도를 축소하고자 했으며, 특히, 이 같은 움직임은 삼성전자, SK하이닉스, LG 등 대기업을 중심으로 나타났다. 삼성전자는 일본 의존도가 높은 소재와 부품 220여 개의 조달처를 변경하는 등 빠른 대처에 나섰다. 또한 삼성전자와 SK하이닉스는 국내 화학 소재 기업 솔브레인이 개발한 '국산 불화수소'를 적극 사용했다. 솔브레인은 2020년 1월 초고순도 불화수소 대량생산 능력을 확보했다. 이는 국내 수요의 70~80%의 물량에 대응할 수 있는 수준이다. LG디스플레이는 2020년 10월 디스플레이 생산용 액체 불화수소 전량을 국산 제품으로 대체하기도 했다.

우리 정부의 노력도 한몫했다. 정부는 2019년 8월 '소재·부품·장비 경쟁력 강화 대책(소부장 1.0 전략)', 2020년 '소부장 2.0 전략'을 내놓았다. 1.0 전략에서는 100대 소부장 핵심 품목을 선정해 총 9,525억 원의 R&D 예산을 투입했다. 이듬해 2.0 전략에서는 핵심 품목 수를 330여 개로 늘리고, 2년간 5조 원의 R&D 예산을 투입했다. 당시 예산 덕분에 국내 소부장 산업 기술력과 자급률이 10% 향상됐다는 평가가 나온다. 윤석열 정부는 소재·부품 국산화율을 2022년 30%에서 2030년 50%까지 높이겠다는 목표를 세웠다. 이에 높은 대일 의존도도 빠르게 해소했다. 일본 수출 규제 2년 차인 지난 2021년, 소부장 100대 핵심 품목의 대일 의존도는 24.9%로, 2019년 (31.4%) 대비 약 4% 줄었다. 같은 기간 시가총액 규모 1조 원을 넘긴 소부장 기업은 13개에서 31개로 대폭 늘어났다. 소부장 기업 매출도 20.1% 증가했다. 지난해 4월 정부가 발표한 '소부장 글로벌화 전략'을 보면, 소부장 대일 수입의존도는 역대 최저 수준인 15%까지 떨어졌다.

그렇다면 이러한 추세가 이어진다면 한국은 소부장 산업에서 자립이 가능할까? 한국의 소부장 산업 자립 여부는 '기술 개발, 생산 인프라 확충, 글로벌 공급망과의 관계 강화'라는 세 가지 주요 요인에 달려 있다. 위에서 살펴본 것처럼, 현재 한국은 상당한 자립 가능성을 갖추고 있다. 그러나 완전한 자립을 위해 해결해야 할 과제도 분명히 존재한다. 첫째, 특징 기술의 의존성이 여전히 높다는 것이다. 일부 핵심 소재와 부품은 여전히 일본, 미국, 유럽에 의존하고 있으며, 특히 첨단 반도체 공정에 필요한 일부 화학물질이나 정밀 장비는 수입 의존도가 높다. 둘째, 원천 기술 확보가 부족하다. 기술 개발 속도는 빠르지만, 원천 기술 개발에는 시간이 많이 걸리고 글로벌 경쟁에서 독립적인 기술력을 확보하려면 장기적인 R&D 투자가 필요하다. 셋째, 글로벌 협력 필요성이다. 완전한 자립보다는 글로벌 공급망과 협력관계를 유지하면서 상호 의존성을 줄이는 전략이 더 현실적이고 실용적일 수 있다. 특정 핵심 분야에서는 완전한 자립을 목표로 하되, 여타 분야에서는 글로벌 협력을 통해 상호 보완적인 관계를 유지하는 것이 더 효과적이다. 넷째, 지속적인 연구개발 투자와 소부장 분야 인재 양성이 자립의 핵심 열쇠이다. 이를 위해 중소기업과 대기업 간의 협력을 통해 기술력을 공유하고, 국내 생산 인프라를 확대하는 것이 필요하다.

결론적으로 한국이 소부장 산업에서 완전한 자립을 이룰 수 있는 가능성은 높지만, 전략적 자립을 추구하는 것이 현실적이고 효율적일 것이다. 글로벌 경쟁력을 유지하면서 특정 분야에서의 독립성을 확보하는 방향이 장기적 측면에서 유리한 전략이 될 수 있다.

- 이재훈

우리는 7광구 문제에 어떻게 접근해야 하는가?

　　7광구 문제는 한반도 주변 해역에서의 해양 경계와 자원 개발을 둘러싼 복잡한 국제적, 경제적, 그리고 정치적 문제를 포함하고 있다. 이를 효과적으로 다루기 위해서는 다각적인 접근이 필요하다. 다음은 한일 대륙봉 분쟁 현황이다.

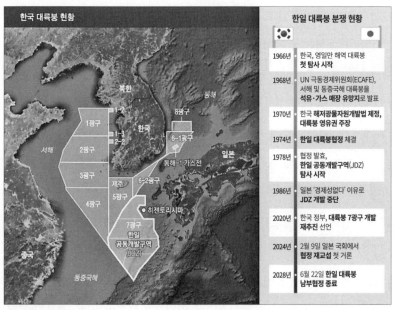

자료: 산업통상자원부

1974년 한일 간 체결된 대륙붕공동개발협정은 석유·가스가 상당량 내장됐을 것으로 추정되는 대륙붕을 한일이 공동 개발하기로 약속하며 체결한 협정이다. 양국 간 수역을 중간선으로 나누는 북부 협정과 9개 공동개발구역(JDZ)으로 나누는 남부 협정 등으로 구분한다. JDZ 중 제주 남쪽과 규슈 서쪽에 있는 7광구의 영유권을 놓고 한일 간 다툼이 컸고, 결국 남부 협정은 50년 시한을 적용했다. 남부 협정은 2028년 6월 22일로 종료되며, 이 남부 협정의 지속 여부 등과 관련하여 한일 갈등이 발생할 수 있다는 시각이 지배적이다. 남부 협정의 기한은 2028년 6월이지만 협정 만료 3년 전부터 일방 종료나 재교섭을 통보할 수 있어 사실상 한일이 2025년부터 논의할 가능성도 높다. 일본 정부가 협정 연장론이 아닌 중간선을 고집할 경우 대륙붕을 둘러싼 분쟁이 시작될 공산이 크다.

　　만일 재교섭을 하면 한국이 크게 불리한 상황이다. 1974년 한일 협정 당시에는 국제해양법상 한반도에서 시작하는 대륙붕이 오키나와 해구까지 이어진다는 점에 착안한 자연 연장론을 적용했다. 이런 관점에서 석유·가스가 상당량 묻혀 있을 것으로 추정되는 제7광구(제주 남쪽-일본 규슈-중국 동쪽 대륙붕)도 공동개발구역(JDZ)으로 묶었다. 그러나 1982년 유엔해양법 협약이 체결되면서 배타적 경제수역(EEZ) 개념이 제시됐고, 이후 중간선 원칙이 새로운 기준이 됐다. 이를 반영하면 JDZ의 90%가 일본 EEZ에 속하게 되고, 7광구의 상당 부분도 일본이 가져갈 수 있다. 일본이 국제해양법과 유엔해양법을 내세워 중간선을 긋자고 하면 한국으로서는 대항할 논리가 빈약할 수밖에 없다. 이 때문에 일본 정부가 JDZ를 한국과 공동 탐사하는 데 소극적으로 나왔다는 분석도 있다. 남부 협

정 기한이 끝난 뒤에 단독 개발을 목표로 하고 있다는 것이다. 특히 대륙
붕 문제는 중국괴도 연결돼 있어 협정 종료 시 동북아 지역의 해양영토
분쟁으로 확대될 우려도 있다. 한일은 2023년 12월 서울에서 차관보급
경제협의회를 개최하면서 대륙붕 문제를 논의하려 했으나 양측의 시각
차가 커 의제화하지 못했다.

그렇다면 우리는 7광구 문제에 어떻게 접근해야 할까? 첫째, 국제법
적 접근이다. 7광구는 EEZ와 대륙붕 경계 설정과 관련된 문제로, 국제법
적 규범을 따르는 것이 중요하다. UN 해양법 협약(UNCLOS)에 따라 경
계 설정을 협의하거나 중재를 통해 해결할 수 있다. 둘째, 외교적 접근이
다. 7광구 문제는 한국, 중국, 일본 간의 이해관계가 얽혀 있으므로 긴밀
한 외교적 협력이 필수적이라 할 수 있다. 단독 개발이 어려운 상황에서
는 공동 개발 협정을 통해 갈등을 완화하고 이익을 공유하는 방안을 모
색하는 것이 바람직하다. 또한 역내 안보 및 에너지 협력을 강화하며, 장
기적으로 상호 신뢰를 구축하는 것이 중요하다. 셋째, 경제적 및 기술적
접근이다. 7광구 내 가스 및 석유 매장량을 정확히 평가하고 경제적 타당
성을 분석해야 하는데, 이를 위해 첨단 탐사 기술과 시추 기술에 대한 대
규모 투자가 필요하다. 특히, 에너지 자원의 개발은 많은 자본이 필요하
므로 국내외 에너지 기업과의 협력을 통해 경제성을 높이는 방법도 고려
해야 한다. 넷째, 환경적 배려가 수반되어야 한다. 개발 과정에서 해양 생
태계를 보호하기 위한 규정을 마련하는 한편 국제 환경 기준을 준수해야
한다. 또한 단기적인 경제적 이익에 치중하기보다는 장기적인 환경 보존
과 지역사회 이익을 함께 고려해야 할 것이다. 다섯째, 7광구 문제에 대

한 정보를 국민에게 투명하게 공개하고 이해와 지지를 얻는 것이 중요하며, 국세법, 외교, 정세, 환경 전문가를 포함한 다양한 이해관계자와 협력하여 최적의 해결 방안을 모색해야 한다. 여섯째, 자원 분쟁이 군사적 충돌로 이어지지 않도록 주의해야 하며, 지역 안보 협력 메커니즘을 강화해야 한다. 특히 EEZ 및 대륙붕 지역에서의 해양 주권을 보호할 수 있는 군, 경의 역량을 갖추는 것도 중요하다.

- 이재훈

일본과 북한은 국교 정상화를 할 것인가?

일본 정치에서 북한 문제는 항상 중대한 쟁점이자 과제로 남아있다. 특히 북일 간 국교정상화는 아직 해결하지 못한, 가장 중요한 전후 처리 과제 가운데 하나이다. 긍정적이나 부정적인 평가는 별도로, 아베 총리의 정치·외교에 있어 북한 문제는 항상 중대한 쟁점 사안이었다. 2024년 10월 취임한 일본 이시바 시게루 총리도 예외는 아니다. 그는 북일 간 도쿄와 평양에 연락사무소를 상호 설치할 것을 제안한 바 있다.

일본은 1951년 9월 샌프란시스코 강화조약으로 국제 사회에 복귀한 이래, 1955년 10월 구소련과, 1965년 6월 한국과, 1972년 9월 중국과 국교정상화를 이루어냈지만, 아직까지 북한과 미수교 상태로 남아있다. 2000년대 이후 일본 정치·외교에 있어서 북한은 가장 중대한 변수 가운데 하나였다. 북한의 핵개발과 미사일 발사, 일본인 납치피해자 여부와 귀국, 북일 국교정상화 등의 주제는 항상 언론의 주요 관심사로 등장해왔다.

냉전기 일본과 북한 간 교섭은 제한되거나 단락적인 상태로 지속되었다. 1990년대 들어 소련 붕괴와 냉전의 해체에 따라 한국은 북방외교를 적극적으로 전개하였다. 한국은 1990년 9월 구소련에 이어 1992년 8월 중국과 수교하였고, 이에 따라 북한이 조바심을 느끼며 북일 수교를 위한 분위기가 조성되었다. 2002년 9월 고이즈미 총리의 북한 방문으로 재개된 김정일 위원장과의 북일 교섭에서 양국은 드디어 합의사항을 담은 평양선언을 발표하기에 이르렀다. 여기에는 국교정상화를 위한 회담을 추진하고, 식민지배에 대한 반성과 전후보상, 납치문제 재발 방지, 핵과 미사일 등의 문제를 포괄적으로 해결한다는 4개 조항이 포함되었다.

그러나 북한의 핵개발로 제2차 핵위기가 발생하고, 납치자 문제를 둘러싸고 일본 국내의 반발이 커지면서 북일 교섭은 중단되었다. 2004년 5월에 고이즈미 총리가 방북해 제2차 북일 정상회담이 개최되었고 일본인 납치자 5명이 귀국하는 등 상당한 성과를 거두었다. 그러나 사망한 피해자 요코타 메구미의 가짜 유골 문제로 결국 2006년 2월 다시 협상이 결렬된 채 장기화되었다.

아베 총리는 사실상 일본인 납치자 문제를 자신의 정치 쟁점으로 삼아 북한 때리기로 정치적 입지를 다져왔다. 그는 일본 외교에 가장 중요한 납치피해자 문제, 납치문제 해결 없이 북일 간 수교 불가, 생존자 12명을 모두 귀국시켜야 한다는 '납치자 문제 3원칙'을 내세워 북한을 압박해 왔다. 이에 대해 북한 측은 납치자 12명 중 8명은 사망, 4명은 북한 입국 사실이 없다고 주장하였다. 납치문제는 이미 일본 정치에서 핵심 쟁점으로 부상하였고, 식민지 가해자이었던 일본이 오히려 피해자인 북한을 압박하는 카드로 사용되고 있다.

일본 국민 정서면에서 본다면 북한의 핵과 미사일 못지않게 납치문제가 더욱 중대한 사안이며, 피해자 가족으로 구성된 납치자 가족회(정식 명칭은 북한에 의한 일본인 납치피해자 가족회)의 입장은 일본의 대북 외교와 북일 수교에 심대한 영향을 미치고 있다. 이시바 시게루 총리의 도쿄-평양 간 연락사무소 설치 제안도 납치사 가속회가 반대 목소리를 높이면서 추진력이 크게 약화되었을 정도이다.

2014년 5월 스웨덴 스톡홀름에서 진행된 북일 교섭에서 양국은 북일 수교 추진, 북한 내 납치자 재조사, 일본의 대북제재 완화에 합의했지만 결렬되었다. 2023년부터 북일 간 고위급 협상이 재개되었고, 기시다 노부오 총리는 언제 어디서나 조건 없이 김정은 위원장과 만날 수 있다고 먼저 손을 내미는 등 유화적인 분위기가 조성되었지만 결국 성과를 거두지 못했다.

북일 수교는 언제나 가능해질까? 2002년 9월 평양선언 이후 무려 23년이 지났지만, 아직 이렇다 할 진전을 보이지 못하고 있다. 일본의 식민통치에 대한 사죄와 보상 여부, 북한의 핵과 미사일 문제 해법, 가장 중요한 납치피해자 문제의 해결 등이 전제가 되지 않으면 당분간 어려울 전망이다. 2025년 1월 미국 트럼프 2기 행정부가 출범하면서 북미대화 재개 가능성이 높아지고 있다. 이에 더하여 한반도에서 남북 간 대화와 긴장완화 여부, 납치자 문제에 대한 일본 내 변화 등이 북일수교에 영향을 미칠 것으로 보인다.

- 양기호

대일 정책에서 최우선 과제는 무엇인가?

이재명의 외교·안보는 대일 정책에 있어 한일 양국 정부와 국민 간 신뢰를 회복하는 것을 최우선 과제로 인식하고 있다. 이재명에 대한 기대와 희망은 국내외에서 높지만, 그에 비례하는 만큼 반발과 우려도 존재하는 것이 사실이다. 이러한 인식적 제약을 극복하는 것은 이재명의 외교·안보가 미래 지향적인 한일 관계를 만들어가기 위한 토대가 될 것이다.

일본은 세계에서 가장 보수적인 국민이라고 평가된다. 천황제, 자민당, 경찰, 우익, 야쿠자 등이 공존하고 있다. 긍정적인 시각에서 본다면 국가와 사회의 안정을 도모하기에 유리한 측면이 있지만, 부정적인 시각에서 본다면 주어진 현실과 현상을 긍정하고 대립과 갈등을 회피하는 속성이 강한 것도 사실이다.

보수정당인 자민당 정권이 자유민주주의와 시장경제를 전제로 무려 70년 가까이 정권을 유지하고 있는 국가는 일본 외에 찾아보기 어렵다. 미국, 영국, 한국, 독일 등 어떤 국가든 정권이 교체되며, 장기 집권한 스웨덴 사민당도 44년, 이스라엘 노동당도 29년을 넘기지 못했다. 일본은 특히 아베정권 이후 자민당이 역사와 영토 문제에 대해 우경화되면서 자주 한일 간 갈등을 빚기도 하였다. 앞으로도 이러한 경향이 지속될 가능성을 배제할 수 없다.

동시에 한반도와 국제 사회에서 한일 양국은 공동섬이 많은 소위 선진국 그룹에 속한다. 아시아 국가 가운데 시장경제와 자유민주주의를 공유하는 선진국은 한국, 일본, 호주, 뉴질랜드 등이 대표적이다. 미·중 대립과 중국의 해양 진출, 북한 핵개발과 대륙간 탄도미사일의 위협, 러시아와 우크라이나 전쟁 등의 글로벌 복합위기 가운데 한일 양국은 지역과 세계에서 중요한 공통이익을 공유하고 있다. 유엔에서 각 사안별 찬성 비율은 한일 양국이 일치도가 가장 높다. 또한 미국 트럼프 2기 행정부의 방위비 분담금 증액 및 통상 압박에 공동 대응을 고민해야 할 처지이다.

일본 정치가나 국민은 한국의 진보 진영에 대한 오해와 편견을 가지고 있다. '친북·반일'이라는 별로 달갑지 않은 딱지를 붙이곤 한다. 일본의 보수 언론도 이에 동조하기 십상이다. 이러한 편향된 인식은 한일 양국 간 화해와 협력을 가로막는 장애물이 되어 왔다. ▲동북아의 평화와 한일 협력을 진정으로 바라고, ▲이념적으로 편향된 가치외교가 아닌 양국 국민에 호혜적인 실용외교를 추구하며, ▲진정으로 한일 양국 간 신뢰를 구축하고자 하는 이재명의 외교·안보는 이러한 장애물을 적극적으로 극복하려 할 것이다.

다행히 일본의 이시바 내각도 역대 자민당 정권 가운데 가장 진보적이라 할 수 있다. 이시바 총리는 일본이 역사문제에 대해 충분히 반성해야 하며, 일본과 북한 간 도쿄-평양에 공동 연락사무소를 설치할 것을 주장해 왔다. 역사문제에 진솔하고 북일 관계 정상화에 집중한다는 측면에서 아베 정권과 완전히 다르다. 아니, 이재명과 가장 가까운 일본 자민당 정권이 될 수 있다. 최근 들어 윤석열 정권의 잘못된 비상계엄을 극복하고 놀라운 회복력으로 공화정과 민주주의를 지켜낸 한국 국민에 대한 일본 언론의 평가도 높다.

일본은 한국의 진정한 민주주의 정권과 교류와 협력을 희망하고 있다. 이재명의 외교·안보는 미래지향적인 한일 관계를 만들어가기 위해 한일 양국 정치 지도자와 양국 국민 간 신뢰를 구축하고자 한다. 이를 위해 역사 쟁점이나 대북 정책, 캠프데이비드 협정과 인도-태평양 전략 등 기존 한일 및 한·미·일 정부 간 체결한 합의사항을 준수할 것이며, 이는 한일 양국 간 신뢰를 증대하기 위한 토대로 작용할 것이다. 이러한 토대 위에서 이재명의 외교·안보는 일본 전문가 그룹을 포함한 대일 특사단을 파견하여 양국 간 대화를 재개하고 신뢰 구축 과정을 추진할 것이다. 또한 한일 양국 간 상호 이해를 심화시키기 위해 적극적인 노력을 기울일 것이다. 구체적으로 약 500억 원 규모의 대일 공공외교 예산을 책정하고, 한일 원로회의 신설, 한일 미래 세대 대화, 한일의원연맹 교류, 한일 재계 대화, 1.5트랙 정책 대화, 한일 언론인 대화, 한일 전문가 세미나, 한일 문화 교류 등을 적극적으로 추진해 나갈 것이다.

후속세대에 물려줄 바람직한
한일 관계는 무엇인가?

이미 한일 양국의 미래 세대가 주도하는 바람직한 한일 관계는 시작되었다. 한국의 이재명은 1964년생으로 민주화와 고도성장을 체험한 전후 세대의 전형이다. 한편 일본의 이시바 시게루 총리는 1957년생으로 경제성장과 국제화를 경험한 경제대국 일본의 성공 세대이다. 전후 새로운 정치리더로서 두 사람은 시장경제와 민주주의의 경험을 공유하고 있으며, 후속세대에 물려줄 새로운 한일 관계를 구축할 충분한 지식과 역량을 지니고 있다.

한국의 MZ세대와 일본의 젊은 세대는 상호 간 관심과 애정이 이전 세대와 비교할 수 없을 정도로 높고 깊다. 아마도 수천 년 이어진 한일 관계에서 처음으로 나타난 반가운 현상일 것이다. 한국어와 한국 문화, 한국의 K-POP과 드라마, 한국의 음식과 화장품에 이르기까지 일본 내 세대를 뛰어넘은 한국사랑은 끝을 모를 정도로 진화를 거듭하고 있다. 한국의 젊은 세대가 가장 자주 방문하는 국가가 일본이며 대일 호감도는 매년 높아지고 있다. 언어, 문화, 생활, 기술, 정치, 경제 등의 대부분 분야에서 별로 차이점을 느끼지 못하고 편안함을 즐기고 있다.

한일 양국의 미래 세대들이 현재와 같은 상호간 흥미와 공감을 유지하고, 역사와 영토 갈등을 극복하여 동아시아와 국제 사회를 이끌어가며, 글로벌 리더십을 발휘하는 관계를 함께 만들어가는 것은 한일 양국의 기성세대와 국민, 양국의 정계와 재계 인사, 언론인과 문화인들이 지향해야 할 바이다. 프랑스와 독일은 1963년 1월 위대한 엘리제 조약을 맺어 화해와 협력의 양국 관계를 만드는 데 성공하였다. 제2차 세계대전이 끝난 지 불과 20년도 되지 않은 시점이었다.

한일 양국은 미래 세대 간 수많은 교류와 대화를 통해서 양국 간 상호 이해를 심화시켜야 한다. 동아시아에서 중앙정부가 주도하는 지역통합으로서 유럽연합이나 북대서양조약기구와 같은 집단안보체제를 수립하는 것은 쉽지 않아 보인다. 따라서 경제적 성장과 전쟁의 방지를 위한 다양한 대화와 교류가 단기간 및 장기간에 걸쳐서 필요하며, 이를 위해 이재명의 외교·안보는 한일 양국이 동북아 지역안정을 위한 필수파트너로서 상대방을 인정하고, 한일 관계, 남북 관계, 북일 관계가 상호 지지하는 선순환 구도를 만들어 나갈 것이다. 구체적으로 이재명은 재개된 한일 정상 간 셔틀회담 등을 비롯한 상호 간 신뢰와 만남을 통한 한일 양국 간 관계 복원을 확대해 나갈 것이다. 또한 이재명은 일본의 북일 관계 개선을 적극 지원하고, 한국의 남북관계 개선에 대한 일본의 지지를 이끌어냄으로써 북한 문제 관련 상호 호혜적인 관계를 만들고자 한다. 이러한 상호 협력 및 지원 관계는 동북아 지역의 영구적인 평화를 구축하기 위해 한일 양국이 수행해야 하는 바람직하고 미래지향적인 역할이라 하겠다. 이와 더불어 이재명은 인도-태평양 지역의 평화와 번영을 위해 지금까지 한·미·일 3국이 만들어 온 공동의 노력을 지지하고 협력을 증대해 나갈 것이다.

이재명의 외교·안보는 한일 양국의 지속적인 고용과 투자, 경제성장과 첨단산업 개발을 위한 다양한 방법을 강구해 나갈 것이다. 한일 기업이 자유롭고 적극적인 상호투자를 추진할 수 있도록 역사적, 정치적 장애물을 줄여나갈 것이다. 강제징용 쟁점과 일본군위안부 문제가 한일 양국의 경제협력을 가로막지 않도록 정치·외교상의 해법을 구상하고 협의할 것이다. 한국 청년이 일본 내에서 자유롭게 취업할 수 있도록, 그리고 한국 내 취업을 바라는 일본 청년의 희망이 이루어지도록 인적 교류의 확대를 도모할 것이다. 또한 번잡한 입국 절차를 보다 간소화시키고, 한일 양국 간 자유무역(FTA) 협정을 체결하여 무역장벽을 낮추며, 소비시장을 상호 간 확장하여 경제 영토를 늘려나갈 것이다. 최근 중요성이 부각된 경제안보에 있어서도 한일 간 양자 협력을 확대하는 한편 인공지능(AI), 로봇산업, 반도체와 전기자동차, 우주산업 등 첨단기술 및 핵심 분야에서 공동투자와 기술 개발을 확대해 나갈 것이다.

이재명의 대일 정책은 역대 정부와
무엇이 다른가?

이재명은 대일 정책은 역대 정부의 경험을 바탕으로 획기적인 성장과 발전을 도모하고자 한다. 이전 정부가 추진했던 한일 관계 개선을 위한 일방적인 양보와 자기 왜곡을 지양하고, 실용주의에 기초한 수평적이고 호혜적인 한일 관계를 지지하고 촉진하는 대일 정책을 추진해 가고자 한다.

이재명의 대일 정책 특징 가운데 가장 중요한 점은 실용외교이다. 실용외교는 맹목적인 이념외교에서 벗어나 실용주의를 토대로 주변국과 우호관계를 수립하면서, 국민과 국가의 공동이익을 추구하고 지역과 세계의 안정과 번영을 실천해 가는 것을 의미한다. 과거 정부의 지나친 이념 편향과 갈등을 유발하는 왜곡된 가치외교에서 벗어나, 굳건한 한미동맹을 토대로 북한 문제를 안정적으로 관리하는 동시에 일본을 비롯한 주변국과의 우호 선린관계를 수립하고자 한다. 한반도가 지닌 지정학적인 한계를 극복하고 대한민국의 안전, 성장 및 번영을 추구하기 위한 국제질서와 국제관계를 실용외교의 관점에서 적극적으로 추구하고자 한다.

이재명의 대일 정책은 국익외교를 지향한다. 한일 양국이 적극적이고 실현 가능한, 각각 실익을 구가할 수 있는 윈윈 관계를 만들어 가고자 한다. 국민 생활과 기업의 생산 현장에서 한일 양국이 서로 도움을 줄 수 있는 다양한 의제와 방법을 적극적으로 발굴하고 실천해기고자 한다. 한일 양국 간 인적, 물적 교류와 협력을 실천하고, 상호 투자와 기술 교류를 늘려가며, 첨단기술 분야에서 양국이 공동 개발할 수 있도록 적극적인 지원을 아끼지 않을 것이다. 이를 위해 역사와 영토 논쟁과는 별도로 고용과 투자, 무역과 통상, 첨단 우주산업 진흥, 제3국 공동 진출 등에 있어 양국 기업이 자유롭게 활동할 수 있도록 한일 양국 간 포괄적 협력을 추진할 것이다.

이재명의 대일 정책은 한반도의 안보 상황을 안정적으로 관리하는 데 기여할 것이다. 경제가 성장하고 국가가 번영하기 위해서는 안전 보장이 필수적이다. 한반도 비핵화와 더불어 동북아와 인도-태평양 지역 내 갈등과 분쟁을 예방하고자 한일 양국이 적극 소통하고, 한일 간 안보 협력이 지역안정을 위한 공동의 인프라로 확립되도록 노력할 것이다. 한일 양국은 한반도 비핵화를 위한 다자간 대화 증진에 관심을 기울이고, 남북, 북일, 북미 간 대화를 상호 지지할 것이다. 한미동맹과 미일동맹을 기반으로 필요한 안보상의 억지력을 증대하고, 한일 간 대화와 소통을 토대로 주변국과의 관계 개선을 통한 지역 내 협력을 증진하며, 인도-태평양과 글로벌 현안에 대해 공동의 이익을 추구해 나갈 것이다.

이재명이 일본과의 관계를 중요하게 생각하는 이유는?

이재명은 일본과의 관계에 있어 역사적인 갈등을 뛰어넘어 양국 간 경제적·외교적·안보적 협력의 중요성을 인식하고, 이러한 인식을 토대로 한국의 발전을 도모하려고 한다. 과거 이재명은 국제적인 관점에서 일본과의 관계를 개선하려는 의지를 밝혔으며, 특히 일본과의 경제적 협력이나 문화 교류를 중요하게 생각하고 있음을 계속해서 언급해 왔다.

이재명이 추구하는 대일 관계의 핵심 요소들은 크게 4가지로 정리할 수 있다. 첫째, 한일 경제협력이다. 일본은 한국의 중요한 경제적 파트너 국가 중 하나이고, 한국과 일본은 서로 중요한 무역 상대국이며, 일본은 기술과 제조업 분야에서 한국의 중요한 협력 국가이다. 이재명은 한국의 경제 발전을 위해 일본과의 협력 강화가 중요함을 강조한다.

둘째, 한일 관계의 특수성 관리이다. 일본과의 외교 관계를 잘 관리하는 것은 한국의 외교적 안정을 위해 중요하다. 한국과 일본은 역사적인 문제와 정치적인 갈등이 있지만, 양국 간 경제적, 안보적 협력은 한국의 국익을 위해 필수적이라고 인식한다. 이재명의 외교·안보는 실용적 외교를 통해 한일 양국 관계를 개선 및 향상하고자 한다.

셋째, 한일 안보 협력이다. 한국과 일본은 북한 포함 한반도 안보 상황의 안정적인 관리를 위해 협력해야 하는 중요한 파트너이다. 이재명의 외교·안보는 한반도 안정과 번영을 위한 디각직인 외교 전략을 추진하며 일본과의 협력을 강화해 나갈 것이다.

넷째, 국민의 삶에 미치는 영향력이다. 일본과의 관계는 가까운 이웃 국가인 만큼 우리 국민의 삶에 큰 영향을 미친다. 과거 사례에서도 알 수 있듯, 한일 관계가 나빠지면 경제, 관광, 문화 교류 등 다양한 분야에 부정적인 영향을 미친다. 이재명은 원만한 한일 관계를 통해 국민 삶의 질적 향상에 긍정적 기여를 제공하고자 하는 의지가 확고하다.

6

한반도와 러시아

현재의 러시아와 과거 소련은 어떤 점이 다르고 어떤 점이 비슷할까?

오늘날 러시아는 과거 소련과 유사점과 함께 차이점도 지니고 있다. 1917년 공산혁명으로 탄생하여 1991년 붕괴한 소련은 러시아의 긴 역사 속에서 불과 75년 정도밖에 존속하지 않았지만, 오늘날 러시아의 정치, 경제, 외교 등 많은 영역에 있어 큰 영향을 미쳤다. 현재 러시아는 소련 붕괴의 잔해 속에서 출발하였지만, 소련의 유산을 상당 부분 간직하고 있다.

유럽의 동쪽에서 동북아시아에 이르는 길고 넓은 영토를 지닌 러시아는 유럽의 변방에 있는 지리적 위치와 경제발전의 낙후성으로 인해 서유럽 세계로부터 소외당하는 동시에 유럽을 군사적으로 위협할 경계의 대상이었다. 반대로 러시아는 유럽 세계의 일원이 되기를 희망하나 쉽게 받아들여지지 않으면서 프랑스의 나폴레옹과 나치 독일의 히틀러에 의한 침공에서 보듯, 유럽 세계의 패권국이 등장할 때마다 침략의 대상이 되었다. 제2차 세계대전에서 승리하며 중부 독일까지 영향력 하에 둔 공산주의의 맹주이자 양극 체제의 한 축으로 올라선 소련의 지위는 러시아가 더 이상 무시 받는 유럽의 변방국이 아니라 슈퍼 파워로서의 영광과 위상을 지니게 되었음을 의미하였다.

그러나 소련의 붕괴는 러시아가 슈퍼 파워로서의 위상을 상실하고 쇠락한 주변국으로 추락하는 심리적 충격을 러시아인들에게 가져다 주었다. 소련 시대부터 축적된 경제문제는 시장경제로의 체제 전환 과정에서 더욱 극심한 경제적 혼란으로 증폭되었고, 러시아의 경제적 능력 쇠락과 함께 군사적 능력과 국제적 영향력 역시 쇠퇴하였다. 러시아의 이러한 심리적 상실감 사이를 파고들어 강력한 러시아를 재건하고자 하는 열망을 바탕으로 부상한 인물이 블라디미르 푸틴이다. 러시아는 더 이상 구소련의 공산주의 이념과 계획경제 체제를 고수하지 않고 구소련과 같은 강대국으로서의 힘을 지니고 있지 않지만, 상실된 국력을 회복하고 국제적 영향력을 복원하고자 하는 열망을 지니고 있다.

특히, 우크라이나를 비롯한 구소련 지역에 대한 영향력 확보는 혁명 이전 러시아 시대부터 이어져 온 서유럽으로부터의 안보 위협에 대응하고 러시아의 상실된 영향력을 복원하는데 있어 핵심적인 사안으로 여겨지고 있다. 구소련을 구성하던 공화국이었던 발트3국의 나토(NATO) 가입에 이어 우크라이나의 NATO 가입 시도 등 서유럽화 정책은 러시아가 미국과 서유럽 세계로부터 포위되고 고립될 수 있다는 위기감과 안보 위협을 가중해 우크라이나에 대한 침공을 비롯한 공세적인 대외정책을 추구하게 된 주요 배경이 되었다. 러시아-소련-다시 러시아로 이어지는 역사적 흐름 속에서 소련 시대는 오늘날 러시아의 대외정책을 이해하는 중요한 연결고리로서의 성격을 지닌다.

- 최경준

러시아는 한국에 대해 우호적인 나라인가?

시기에 따라 이슈에 따라 우호성과 적대성의 정도가 달라질 수 있기에 어느 한 국가가 다른 나라에 대해 우호적인가 그렇지 않은가를 판단하는 것은 간단한 일이 아니다. 특히, 남북한 분단 상황에서 러시아의 한국에 대한 우호성을 러시아와 북한 사이 관계라는 비교의 맥락 속에서 평가해야 한다는 점에서 한·러 관계는 더욱 복잡성을 지닌다.

제국주의 시기 러시아는 다른 제국주의 세력과 마찬가지로 한반도에 대해 영향력을 확대하고자 하는 욕심을 지니고 있었다. 부동항 확보 등을 위해 남하정책을 추구한 러시아는 영토적으로 인접한 한반도 지역에 관심을 가졌다. 일본에 대한 삼국간섭과 러-일 전쟁은 러시아의 동북아 및 한반도에 대한 영토적 관심을 보여준다. 이후 북한 정권 수립을 도와 한반도의 분단을 초래하고, 한국전쟁을 일으킨 북한을 군사적으로 지원하였으며, 냉전기 북한에 대한 지원을 통해 긴밀한 관계를 유지한 것은 한반도에 대한 영향력을 확보하고자 하는 러시아(소련)의 관심과 의지를 드러냄과 동시에 한국이 러시아를 적대적인 세력으로 인식하도록 만드는 원인이 되었다.

그러나 소련의 개혁개방과 소련 붕괴, 그리고 러시아의 체제개혁 시기 이후 러시아의 한국에 대한 인식과 접근법은 변화된 양상을 보였다. 시장경제로의 전환을 위해 많은 자본과 외부 지원이 필요해진 러시아는 낙후된 북한보다 월등한 경제력을 지닌 한국과 협력하는데 많은 관심을 시니게 되었다. 한국 정부 역시 러시아를 통해 북한을 고립시키고 변화에 대한 압박을 가할 수 있다는 점에서 러시아와의 협력관계를 추구했다. 북방정책의 일환으로 1991년 러시아에 2천만 달러가 넘는 경제협력 차관을 제공하고 이에 대한 상환 차원에서 한·러 군사교류인 '불곰사업'을 진행한 것은 이러한 양국 간 이해관계를 반영한다.

유라시아 대륙에 걸쳐 있는 러시아의 정치·경제적 중심이 유럽 쪽에 치우쳐 있는 상황에서 러시아는 북한 핵무기 문제와 한반도 통일에 있어 한국에 대해 우호적인 입장을 보일 수 있는 국가이며, 남북한 협력 증대와 한반도 통일이 자국의 낙후된 시베리아를 자원개발과 물류 교통의 측면에서 발전시킬 수 있는 기회로 인식하고 있다. 그러나 한국 외교에서 러시아를 상대적으로 중요하게 여기지 않아 온 한국 정부의 태도, 한미동맹을 강조하며 미·러 사이에서 미국 편들기 등은 러시아의 한국에 대한 실망감을 야기하였다. 여기에 최근 러시아가 북한과 군사적 동맹관계를 재구축하고 북한이 러시아-우크라이나 전쟁에 러시아를 지원하기 위해 파병을 결정하면서 한·러 관계는 새로운 도전을 맞이하고 있다.

- 최경준

우리에게 러시아는 여전히 중요한가?

러시아는 냉전 시기 구소련으로서 한국의 군사·안보에 부정적인 측면에서 중요하였다. 북한과 긴밀한 군사협력 관계를 형성하던 소련은 한미동맹 및 미국 주도의 자유주의 진영의 위협 세력으로 존재하였다. 그러나 경제적 측면에서는 자유주의 진영과 공산주의 진영 사이 경제 교류가 거의 없었기에 소련은 한국에게 의미 있는 존재가 아니었다.

붕괴 직전 개혁개방을 시도하던 소련과 연방의 해체 이후 소련을 계승한 러시아는 한국에게 군사, 안보, 외교적 측면에서 중요한 국가로 부상하였다. 공산주의 진영의 리더이자 북한과 밀접했던 소련이 한국과 수교하고 한국과의 외교관계를 강화해 나간 것은 북한을 압박하고 북한의 변화를 유도함과 동시에 신장된 한국의 국력과 외교적 능력을 보여줄 수 있는 중요한 수단이었다. 그러나 이후 러시아가 옐친 시기 정치와 경제 체제 개혁 과정에서 극심한 내부 혼란과 경제적 위기를 겪으며 국력과 국제 사회 속의 위상이 쇠락하자, 러시아에 대한 한국의 관심도 시들어 갔다.

북핵 문제 해결을 위한 6자 회담에 러시아가 포함된 것에서 알 수 있듯, 유엔(UN) 안보리 상임이사국인 러시아의 한반도 문제에 대한 역할은 무시하기 어렵다. 러시아는 한반도와 국경을 접하고 있고, 비록 유라시아 대륙에 걸쳐 있으면서 유럽을 보다 중요하게 여기지만, 동북아를 포함한 아시아에 대한 관심과 이해관계를 지니고 있다. 시베리아 지역은 풍부한 지하사원을 지니고 있어 잠재적인 발전 가능성이 높고, 블라디보스토크가 위치한 연해주 지역은 군사와 상업적 측면에서 중요성이 높다. 일본과 북방 열도를 놓고 벌이는 영토 분쟁은 이 지역에서 러시아의 영토적 이해관계 문제가 첨예하게 발생할 수 있음을 보여준다.

현재 경제적인 측면에서 러시아의 중요성은 중국, 미국, 일본 등과 비교할 때 높지 않다. 한국의 전체 수출에서 러시아가 차지하는 비중은 2022년 기준 0.93%에 불과하고, 한국 전체 수입에서 러시아는 겨우 2.03%만을 차지하고 있다. 한국에게 러시아는 대략 10위의 교역 상대국이다. 한국은 러시아에 주로 자동차, 자동차부품, 합성수지 등 제조업 생산품을 수출하고, 러시아로부터 원유, 유연탄, 천연가스 등 원자재를 수입하고 있다. 러시아에는 대략 160여 개의 한국기업이 진출해 있는데 주로 대기업을 중심으로 자동차, 전자제품, 식료품 등의 제조업에 집중되어 있다. 러시아가 한국 경제에 지닐 앞으로의 중요성은 시베리아의 풍부한 천연자원을 공동 개발하는 것과 향후 남북한 철도망이 연결될 경우 이를 러시아의 시베리아 횡단철도와 연결하여 유럽으로의 운송과 교통망으로 활용할 수 있는 경제적 가치의 잠재력에 있다.

- 최경준

북한에 대한 러시아의 영향력은 얼마나 되는가?

러시아가 북한에 행사하는 영향력은 2024년 이후 한층 커질 가능성이 높다. 특히 북한이 러시아-우크라이나 전쟁에 군대를 파병한 것을 계기로 양측은 군사협력을 증대하고 있다. 군대를 실제 전선에 투입함으로써 북한은 현대전에 필요한 작전 경험과 무기체계 운용 기술을 습득하고, 러시아는 자신들의 안보 지형에서 북한이라는 우군을 확보하였다. 이러한 상호 이해관계 속에서, 러시아는 핵·미사일 관련 기술이나 전술핵, 방공망 등을 북한에 지원할 수 있다는 전망이 나온다. 이는 북한이 군사력 현대화와 전술핵 운영 전략을 한층 발전시키는 데 도움이 되며, 한편으로 북한에 대한 러시아의 영향력이 강화됨을 의미한다.

러시아가 북한에 제공하는 경제 지원은 상대적으로 제한적이다. 러시아가 에너지나 식량 등을 부분적으로 공급하더라도 북한 경제를 근본적으로 바꿀 수준의 대규모 투자는 어렵다. 이는 러시아가 내부적으로 제재와 경기 침체를 겪고 있고, 협력의 초점이 군사기술 이전과 안보 공조에 맞춰져 있기 때문이다. 그럼에도 2024년 러시아-우크라이나 전쟁에 북한군이 참전하게 되면서 단기적으로 북·러 간 밀착이 강화되어 북한 경제에도 일부 긍정적 효과가 기대된다. 북한 입장에서는 러시아가 제공하는 제한적 자원 지원이라도 중요한 숨통이 될 수 있기 때문이다.

이러한 점들을 종합해 볼 때, 북한에 대한 러시아의 영향력은 과거에 비해 커졌으나 러시아의 북한 통제는 여전히 제한적이라고 하겠다. 북한은 하나의 외교 카드로 러시아를 활용하고 있다. 또한 여전히 북한 경제에 있어 가장 중요한 우방은 중국이며, 러시아-우크라이나 전쟁이 길어질 경우 러시아가 북한에 줄 수 있는 경제적 이익은 감소할 것으로 보인다. 이와 더불어 러시아의 군사기술 지원이 북한의 핵·미사일 위협을 고조시킨다면, 주변국은 더욱 강력한 제재와 봉쇄로 대응할 가능성이 크다. 결국 러시아의 북한에 대한 영향력은 군사 분야에서 빠르게 커지고 있지만, 경제적 측면에서는 즉각적인 '게임 체인저'가 되기 어려우며, 중국과의 삼각관계 변화에 따라 그 지속성이 달라질 것으로 예상된다.

- 최용섭

북한은 왜 러시아-우크라이나 전쟁에
군대를 파병했는가?

　북한이 2024년 11월 러시아-우크라이나 전쟁에 군대를 파병한 결정은 단순히 전쟁터에서의 군사적 개입을 넘어 북·러 관계의 급진적 전환과 동북아 정세 재편을 예고하는 중대 사건으로 평가된다. 먼저 북한은 러시아와의 군사협력을 심화함으로써 핵·미사일 분야에서 첨단기술 지원을 받을 수 있다는 이점을 노렸다. 실제로 2023년부터 본격화된 북·러 밀착은 러시아-우크라이나 전쟁 파병을 계기로 더욱 강화되었고, 이는 북한이 러시아로부터 전술핵 및 방공망 기술 등을 이전받을 가능성을 높여주었다. 더 나아가 북한군은 러시아 전선에서 현대전에 필요한 작전 경험, 특히 드론과 같은 저비용 고효율 무기 운용 노하우를 축적하면서 군사력을 한층 업그레이드할 수 있게 되었다.

　이처럼 군사적 이득은 분명하지만, 경제 분야에서의 기대 효과는 제한적이라는 평가가 우세하다. 러시아가 에너지나 식량 등을 일부 제공할 수 있어도 북한 경제의 근본적 발전을 견인할 수준의 협력은 이뤄지기 어렵기 때문이다. 북·러 협력의 초점이 군사기술 이전 및 무기체계 공동 개발에 맞춰져 있기 때문에 북한의 장기 성장 동력 창출에는 한계가 있을 수밖에 없다. 그럼에도 북한이 러시아에 기꺼이 파병을 단행한 이유는 미국과 서방의 대북 제재를 우회하고 동시에 대외적 입지를 높이려는 전략적 계산이 깔려 있다. 2024년 6월에 체결된 러시아와의 '포괄적 전략적 동반자 관계 조약'을 토대로 대북제재의 효과를 부분적으로 상쇄하면서, 북한이 국제기구 가입이나 외교적 활동에서 러시아의 지원을 확보할 수 있기 때문이다.

한편 북한의 파병은 북·중·러 삼각관계에도 새로운 긴장 요소로 작용한다. 중국은 러시아-우크라이나 전쟁으로 인해 미국의 압박이 분산되는 효과를 누려왔으나, 북한이 러시아와 지나치게 밀착하면 한반도 내 영향력이 줄어들 수 있다고 우려한다. 북·러 관계가 급진적으로 강화되는 상황에서 중국이 이를 마냥 방치하기 어렵다는 점을 감안할 때, 중국이 한중 관계 개선이나 대북 압박을 활용해 자국의 영향력을 회복하려 할 가능성을 배제할 수 없다. 북한은 단기적으로 러시아로부터 받는 군사적·기술적 이득이 중국과의 잠재적 관계 악화 위험보다 더 크다고 판단한 것으로 보인다.

결국 북한의 러시아 파병 결정에는 단기적으로 군사·외교적 이익을 극대화하려는 의도와 함께 러시아가 구축하려는 유라시아 안보 질서에서 핵심 파트너로 자리매김하겠다는 계산이 깔려 있다고 하겠다. 러시아 입장에서도 북한이라는 동맹의 가세가 전선 유지 및 서방 압박에 유리하게 작용할 것으로 판단했을 것이다. 그러나 이로 인해 러시아-우크라이나 전쟁이 국제전으로 비화할 위험이 커지고, 한반도 역시 냉전적 대결의 최전선으로 다시 부상할 가능성이 높아졌다. 이는 동북아 안보 지형 전반에 적지 않은 파문을 일으킬 것이며, 북한이 얻게 될 군사적·외교적

이득만큼이나 새로운 갈등 구조와 불확실성도 함께 증폭시키는 결과로
이어질 것으로 전망된다.

– 최용섭

　　이재명의 외교·안보를 읽는다

러시아-우크라이나 전쟁은 한반도 안보 상황에 어떠한 영향을 미치고 있는가?

러시아-우크라이나 전쟁은 냉전 이후 상대적으로 안정적이라 여겨졌던 국제질서가 다시금 경쟁과 갈등의 시대로 회귀할 수 있음을 상기시키고 있다. 이 전쟁은 유럽에서 벌어지고 있지만, 그 파장은 단지 해당 지역에 국한되지 않고 세계 안보 지형 전반에 영향을 미치고 있으며 한반도역시 예외가 아니다. 러시아의 강경 행보와 서방 국가들의 제재, 그리고이러한 상황에서 북·러 간 밀착이 심화되면서 한반도 안보 상황에 부정적인 영향을 미치고 있다.

우선 러시아-우크라이나 전쟁으로 인해 '핵사용 가능성'이 다시금 논의되고 있다는 점은 북한이 핵·미사일 개발을 계속 이어가고 있는 상황에서 한반도에 시사하는 바가 크다. 러시아가 핵전력을 은유적으로 언급하거나 이를 위협 수단으로 사용하는 사례는 국제 사회에 '핵 억지력'의 중요성을 재인식하게 만들었다. 이는 북한이 자국의 핵 능력을 더욱 과시하고 협상에서도 유리한 고지를 점하려는 태도로 이어질 수 있다. 즉, 북한이 러시아의 행동을 거울삼아 '핵보유국'임을 내세우며 외교·안보적 영향력을 확대할 가능성이 있는 것이다.

또한 러시아에 대한 서방 국가들의 경제·군사적 압박이 장기화함에 따라 러시아는 새로운 외교 파트너를 모색하고 있으며, 이 과정에서 북한과의 협력이 강화되고 있다. 특히 북한은 2024년 6월 러시아와 신조약을 체결하고 11월에 러시아에 군대를 파병함으로써 군사적 경험과 기술을 획득하고 있다. 이러한 협력은 북한이 핵·미사일 개발을 가속화하고 전술적 군사 역량을 높이는 데 기여할 것으로 보인다.

이러한 상황은 미국의 안보 전략이 기존 유럽과 아시아에서의 동시 억지 체제를 더욱 공고히 유지해야 하는 부담을 안게 되었음을 의미한다. 미국은 러시아를 견제하면서도 북한과 중국의 도발을 막기 위해 동맹국과의 협력을 극대화할 필요가 있으며, 이에 따라 한미동맹의 중요성이 더욱 부각될 것으로 보인다. 미국의 인도-태평양 전략 안에서 한국은 기술·경제·군사 협력 등 제반 분야에 걸쳐 적극적인 역할을 기대받고 있다. 이는 한국이 미국과 보조를 맞추면서도 중국 혹은 러시아와의 갈등을 최소화해야 하는 외교적 과제로 이어지며, 따라서 한국의 외교·안보 전략에는 보다 정교한 조율이 요구되고 있다.

나아가 우크라이나 전쟁을 계기로 서방 국가들이 러시아에 대한 광범위한 제재 조치를 취하면서 자원·에너지 수급 불안정과 공급망 위기가 발생했다. 이는 세계적인 인플레이션 압력을 가중시켜 국방·안보 예산 운용에도 영향을 준다. 전쟁이 지속될 경우 대외 의존도가 큰 한국 경제에도 파급 효과가 나타날 수 있으며, 안보 환경 역시 간접적인 영향을 받을 수밖에 없다.

정리하면, 러시아-우크라이나 전쟁은 한반도 안보 구도에 다층적 함의를 지니고 있다. 핵 위협의 재부각, 북·러 간 관계 강화 가능성, 미·중 경쟁 심화 등은 한국에게 복합적인 외교적 과제와 체계적인 전략적 결정을 요구하고 있다. 이러한 엄중한 안보 환경을 안정적으로 관리하고 우리의 국익을 지켜나기기 위해 이재명의 외교·안보는 견고한 한미동맹을 토대로 국제 공조를 유지하는 동시에 실용외교를 통해 주변국과의 관계 관리 및 협력을 증대해 나가고자 한다.

- 최용섭

7

한반도와 인도-태평양, 유럽, 경제 안보, 재외동포

인도-태평양이란 어떤 개념인가?

어디에서 어디까지를 하나의 지역으로 볼 것이며 그 지역의 이름을 무엇이라 부를 것인가는 단순한 지리적 의미를 넘어 정치적, 전략적인 의미를 지니고 있다. 인도-태평양이라는 개념도 단순히 인도(또는 인도양)와 태평양을 함께 포함한다는 지리적 의미만 담고 있는 것이 아니다. 인도와 인도양, 태평양은 오래전부터 이미 존재하고 있었지만 이 둘을 연결한 인도-태평양은 새롭게 만들어진 개념이며 그 속에는 특정한 정치적, 전략적 의미가 담겨 있다.

인도-태평양 개념은 일본에 의해 최초 제안되었다. 강대국으로 부상한 중국은 2010년 전체 GDP에서 일본을 추월하였고, 중국의 군사력 팽창과 센카쿠(댜오이댜오) 열도에서의 영토 분쟁 심화는 일본의 중국에 대한 위협 인식을 강화하였다. 중국을 견제할 전략적 수단이 필요하다고 생각한 일본은 인도양과 태평양을 연결하는 하나의 지역을 구상하여 이 지역 내 국가들과의 협력 증진을 통해 중국을 견제하겠다는 전략을 만들어 냈다.

중국의 부상을 가장 우려하던 국가는 미국이었다. 중국이 일대일로 전략으로 아시아에서 중동, 유럽, 아프리카에 이르는 지역에 대한 대규모 투자를 단행하고 이를 통해 중국에 대한 우호적인 세력들을 형성시키겠다는 구상을 추진하자, 미국은 중국의 세력 팽창 정책을 견제하고 봉쇄할 수 있는 새로운 전략 마련이 필요했다. 일대일로를 포위하여 봉쇄할 수 있는 인도-태평양 개념은 미국에게 무척 매력적인 개념이었다. 트럼프 1기 행정부는 당시 일본의 아베 정부가 제안한 인도-태평양 개념을 받아들여 미국의 공식적인 대외 전략으로 개념화하였다.

미국과 일본 그리고 이후 한국 정부도 수용한 인도-태평양 개념은 비록 이것이 중국 견제라는 전략적 성격을 지니고 있으나, 표면적으로는 중국이라는 특정 국가를 언급하는 대신 중국이 지니지 못한, 따라서 중국이 배제될 수밖에 없는 자유, 인권, 법치 등 민주주의적 가치를 강조한다. 즉, 인도-태평양 지역은 규칙 기반의 자유롭고 열린 협력과 번영의 공간이어야 하는데, 중국과 같은 수정주의 국가들이 규칙에 기반한 질서의 원칙과 가치를 위협하고 있기에 이에 대항하여 공동으로 대응해야 한다는 것이다.

인도-태평양 개념 속에는 이 지역 국가들이 준수하고 공유하며 추구해야 할 특정한 가치와 원칙이 담겨 있고, 이것의 보다 구체적인 실현을 위한 다양한 다자 협의체들이 구성되어 협력을 모색하고 있다. 안보적으로는 미국, 일본, 호주, 인도로 구성된 쿼드(QUAD), 경제적으로는 민주주의 시장경제의 가치를 공유하는 국가들 사이의 협력 증진을 위한 인도-태평양 경제 프레임워크(IPEF) 등이 존재한다.

- 최경준

유럽 국가들이 동아시아 국제관계에 미치는 영향력은 어느 정도인가?

유럽 국가들이 동아시아 국제관계에 미치는 영향력은 경제적·외교적 요소에 국한되지 않고 안보적 관점에서도 점차 강조되고 있다. 전통적으로 대서양을 중심축으로 삼아온 유럽은 미국과의 오랜 동맹관계를 유지하며 러시아 등 유럽 주변부 안보 위협에 대처해 왔다. 그러나 최근 들어 인도-태평양 지역이 세계 정치·경제·군사 경쟁의 중심지로 부상하면서, 유럽 국가들은 동아시아 안보 지형에도 더욱 깊이 관여하고 있다.

무엇보다 '자유롭고 개방된 인도-태평양'을 지지하는 기조 아래 유럽 국가들은 역내에서의 해양 안보와 항행의 자유를 중요한 가치로 삼고 있다. 이를 위해 프랑스, 영국, 독일, 네덜란드 등은 해군 함정을 동아시아 근해와 남중국해, 인도양 등에 파견하며 역내 해상 교통로에서의 안정과 법치주의 질서 유지를 위해 힘쓰고 있다. 예컨대 프랑스 해군은 아시아-태평양 지역에서 정기적으로 항행의 자유 작전을 수행하고, 영국 역시 항공모함 전단을 동아시아 지역에 파견하여 훈련 및 동맹국과의 협력을 이어갔다. 독일 또한 2021년부터 아시아 해역에 군함을 보내며 역내 안보에 대한 관심과 기여를 과시하고 있다.

미국이 추진하는 인도-태평양 전략과의 조율도 유럽 국가들에게 중요한 과제다. 미국의 전략적 의제인 중국 견제에 대해 유럽은 필연적으로 협력할 수밖에 없는 측면이 존재한다. 중국의 군비 증강과 남중국해 군사기지화 문제, 그리고 대만 해협에서의 군사적 긴장 고조는 유럽 입장에서도 무시하기 어려운 안보적 도전이기 때문이다. 특히 유럽연합(EU) 차원에서 발표한 인도-태평양 전략은 역내 평화와 안정을 도모하기 위해 지역 내 파트너들과 협력하겠다는 의지를 분명히 밝히고 있다. 이 과정에서 유럽은 자국 안보 이익과 글로벌 공급망 안정, 그리고 인권·민주주의 등의 보편적 가치 수호라는 세 가지 축 사이에서 균형을 잡아야 하는 과제를 안고 있다.

북한 문제에 대해서도 유럽 국가들의 역할이 점차 가시화되고 있다. EU와 각 회원국은 북한의 핵 개발과 탄도미사일 시험을 규탄하며 유엔 및 독자 제재를 통해 압박 수위를 높이는 데 동참하고 있다. 이는 한반도 비핵화라는 목표에서 한국, 미국, 일본과 같은 핵심 행위자들과 공조하는 것이기도 하다. 유럽은 자체적으로 동북아시아에 상주군을 두고 있지는 않지만, 국제 사회의 제재 체제를 충실히 이행하고 외교적 해결책을 제시할 수 있는 채널(예: 인권 문제나 남북 또는 북일 간 대화 재개를 위한 중재 노력 등)을 마련함으로써 제재와 대화의 '투 트랙' 전략에 기여하고 있다. 또한 유럽 주요 국가들은 북한 인권 문제를 비판하는 결의안을 주도하거나 정보 공유를 통한 사이버 안보 협력 등을 추진함으로써 북한에 대한 압박과 견제를 이어가고 있다.

특히, 최근 들어 유럽 국가들의 동아시아에서의 영향력은 경제, 외교, 인권뿐 아니라 군사·안보적 측면에서도 점차 확대 및 심화하는 추세다.

이러한 유럽의 행보는 미국-일본-호주 등과의 전략적 협력 체제를 더욱 공고히 하여 중국을 견제하는 한 축이 되기도 하며, 동시에 북한 문제 해결과 역내 안정에 대한 국제 사회의 공조를 견인하는 요소가 되기도 한다. 향후 유럽이 동아시아 안보 지형에서 차지하는 비중은 더욱 커질 것이고, 이는 인도-태평양의 다극적 질서 속에서 유럽의 역할을 재정립하는 중요한 계기가 될 것이다.

- 최용섭

우리에게 '글로벌 사우스'는 왜 중요할까?

글로벌 사우스(Global South)는 발전된 선진국들인 글로벌 노스(Global North)가 지배하는 국제정치 질서와 경제 질서에 도전하며, 저발전된 국가들의 목소리가 반영되고 국가 간의 평등성이 실현되는 국제질서를 만들 것을 요구하는 국가들의 집합이다. 아프리카, 라틴 아메리카, 중동 지역 국가들, 인도, 인도네시아 등 남아시아 및 동남아시아 국가들을 포함하고 있는 글로벌 사우스는 식민지 지배를 받다 독립한 상대적인 약소국들로 구성되어 있다.

글로벌 사우스 국가들은 경제 발전에서 뒤떨어져 있지만 많은 인구, 넓은 영토, 풍부한 천연자원을 지닌 국가들을 상당수 포함하고 있으며, 일부는 신흥 중견국의 지위를 거쳐 향후 강대국으로 성장할 수 있는 높은 잠재성을 지니고 있다. 이들은 과거 냉전 시기 미국과 소련 어느 진영에도 속하지 않은 제3세계 또는 비동맹 세력을 계승하며 독립성의 확보와 경제적 종속성을 탈피하기 위한 공동의 노력을 추구하고 있으며, 브릭스(BRICS)와 같은 조직들을 통해 협력을 도모해 나감과 동시에 서구가 지배하는 정치 및 경제 질서를 다극화하기 위한 다양한 시도를 벌이고 있다.

글로벌 사우스의 부상은 탈식민 저발전 국가들이 국제적 사안에 대해 독자적인 목소리를 내고 적극적인 역할을 수행하려는 노력이 재등장하고 있음을 의미한다. 글로벌 사우스는 역사적으로 부차적인 지위에 놓여 있는 국가들의 목소리를 증폭시키고 자신들의 경제적, 정치적 역량을 결집하여 글로벌 권력의 재균형을 이루고자 하는 의지와 보다 정의로운 국제경제와 세계 질서를 조직화하고자 하는 원리를 대변하고 있다.

미·중 갈등이 첨예화되며 신냉전과 양극 구조의 도래가 전망되는 상황에서 경제적으로 저발전된 약소국으로 구성된 글로벌 사우스에 우리 외교가 관심을 기울이는 것은 결코 시대착오적인 것이 아니다. 오히려 글로벌 선도국가를 지향하는 우리 외교에 글로벌 사우스는 특히 경제 안보 차원에서 중요한 의미를 지닌다. 기존 패권국인 미국과 강대국으로 부상한 중국 외에도 상당한 물질적 능력을 축적하며 독자적인 외교 규범을 국제 사회에 투영시켜 온 글로벌 사우스 국가들의 존재는 양극화된 강대국 정치 속에서 경제안보의 돌파구를 찾아야 하는 한국에게 전략적으로 중요한 기회를 제공할 수 있다.

한국에게 글로벌 사우스는 한국 외교의 영역을 확대하고 국제적인 지지 세력을 확보함과 동시에 경제적 측면에서 이들 국가들이 한국 경제에 미칠 긍정적 영향을 기대할 수 있다는 점에서 중요하다. 한국 역시 식민지 지배와 경제적 저발전의 경험을 지니고 있다는 점에서 글로벌 사우스 국가들과 일부 정체성을 공유할 수 있는 부분이 있으며, 성공적인 경제성장과 정치발전의 경험은 글로벌 사우스 국가들과의 협력을 늘릴 수 있는 효과적인 외교 자산이 될 수 있다. 풍부한 자원과 많은 인구를 지닌 글로벌 사우스 국가들은 한국의 주요 투자 대상국이자 수출 시장 그리고 우리에게 필요한 주요 원자재를 수급할 수 있는 자원의 원천으로서 중요한 가치를 지닐 수 있다. 이재명의 외교·안보는 글로벌 사우스 국가들과의 협력과 이들에 대한 지원을 통해 글로벌 선도국가로서의 리더십과 국제적 호소력을 구축하고 지역 간 네트워크를 확장함과 동시에 글로벌 차원의 경제안보의 위기 속에서 우리 경제의 기반과 위기 대응 능력을 증대시키고자 한다.

– 최경준

경제안보는 왜 중요한가?

경제와 안보의 결합을 의미하는 경제안보는 1차적으로는 경제 자체의 안보를 의미한다. 오늘날 국가와 국민의 생존을 위해 경제의 안정성은 매우 중요하다. 특히, 국가 간 교역 등 상호 의존성이 증대된 상황에서 외부적인 영향에 의해 경제이익이 침해되거나 안정성이 위협받는 일이 발생한다면 국가적인 위기가 발생할 수 있다. 1차적 의미의 경제안보는 부정적인 외부적 요인을 예방하거나 그 영향력을 최소화하는 국가정책과 관련된다. 전통적인 경제외교는 이러한 1차적 경제안보 개념의 맥락 속에서 사실상 세일즈 외교와 동일한 용법으로 사용되고, 주로 교역 증진과 투자 증진, 에너지와 자원 확보 등에 역점을 두었다.

그러나 기존의 경제안보와 이를 위한 경제외교 개념은 기술개발, 경제통합, 전략협력 등 다양한 분야로 확장 및 심화시킬 필요가 있다. 특히 경제가 특정 국가와 국민의 생존과 삶에 필수적이라는 것은 경제가 다른 국가를 위협하거나 공격할 수 있는 수단이 되는 안보적 의미를 지닌다. 국가의 안보적인 목적을 위해 경제를 수단으로 활용하는 경제안보의 2차적 의미와 현실을 우리는 이미 경험한 바 있다. 한국의 사드 배치 결정에 대한 중국의 경제보복, 일제 강점기 징용공에 대한 한국 법원의 배상 책임 결정에 대한 일본의 반도체 관련 수출 규제는 정치와 안보를 위해 경제를 수단으로 사용한 사례이다.

국제적 차원에서 전개되는 경제안보는 미·중 갈등 속 나타난 미국의 '탈동조화' 정책을 통해 극명하게 드러나고 있다. 경제 영역의 이익을 위한 안보와 안보를 위한 경제적 수단의 활용이 미·중 경쟁 속에서 국제적으로 나타나고 있으며, 그 속에서 한국 역시 큰 영향을 받고 있다. 글로벌가치 사슬 속에서 중국이 중요한 역할을 차지함에 따라 미국은 코로나19 팬데믹 등 중국내 위기 상황이나 중국의 정치적 결정이 공급망을 훼손시켜 미국을 비롯한 세계 경제에 악영향을 미치는 상황을 우려하게 되었다. 따라서 미국은 중국을 배제한 새로운 가치 사슬을 자국과 동맹국 위주로 재편하기 위한 노력을 기울이고 있다. 이는 자국 경제의 안보를 위함과 중국 견제라는 안보적 목표를 위한 경제수단의 활용을 보여준다.

반도체, 배터리, 희토류 등은 경제안보에서 가장 부각되고 있는 영역이다. 반도체는 모든 전자제품에 반드시 들어가야 하는 핵심적인 부품임과 동시에 군사 무기에도 필요한 민간과 군사 범용성을 지닌다. 중국이 추구하는 반도체 굴기는 중국의 경제뿐만 아니라 군사 발전에도 영향을 미칠 수 있는 것이기에 미국은 중국의 반도체 산업 발전을 견제하기 위한 다양한 정책들을 취해 왔고, 메모리 반도체 생산의 핵심 국가 중 하나인 한국도 중국 내 투자와 생산 등에서 그 영향을 받고 있다. 희귀한 토양을 의미하는 희토류 역시 전기차, 신재생에너지, 석유화학, 스마트폰 등 첨단산업 분야에 반드시 필요한 소재로서 이를 확보하기 위한 경쟁이 경제안보 문제의 핵심 사안으로 부상하고 있다. 희토류 보유국은 이것의 수출을 안보 목적을 위한 수단으로 활용하는 한편 이를 수입해야 하는 국가들은 자국 경제의 원활한 운영과 성장을 위해 안정적인 희토류 수입원을 확보하는 것이 매우 중요한 안보 이슈가 되고 있다.

- 최경준

이재명의 외교·안보는 한국이 처한 경제안보 환경을 어떻게 인식하는가?

　탈냉전기 유일한 패권국이었던 미국은 중국과 군사, 경제, 체제, 가치, 기술 등 전방위 영역에서 경쟁하며 신냉전을 벌이고 있다. 미국은 이 경쟁에서 승리하기 위해 자신의 동맹국과 우방국에 중국 견제에 참여하도록 압력을 가하고 있으며, 중국 역시 아시아, 중동, 아프리카, 유럽에 이르는 광범위한 지역에 대한 공격적인 투자와 경제협력으로 미국의 '대(對)중국' 봉쇄와 견제에 대응하고 있다. 미국은 동맹과 우방조차도 자국 우선주의에 따라 거래의 차원에서 다루면서 세계 질서의 공공재를 자신의 비용으로 지불하는 관대한 패권국과는 다른 모습을 보이고 있다. 트럼프 2기 행정부의 출범은 미국 외교의 자국 이익 우선주의를 더욱 강화할 것으로 보인다.

　강대국 사이 패권 경쟁이 국제정치적으로 새로운 현상은 아니지만 오늘날 미·중 패권 경쟁은 과거와는 다른 특성을 가진다. 냉전기 미·소 경쟁이 명확한 경계선을 지닌 두 개의 블록으로 나뉘어 각자 고립된 세력권을 구축한 채 전개되었던 것과 달리 현재의 미·중 경쟁은 경제적으로 세계화된 국제 구조 속에서 이루어지고 있다. 냉전기에 고도성장을 이룬 한국 경제는 오늘날 과거처럼 미국 시장에 전적으로 의존하고 있지 않으며, 중국은 한국에게 가장 중요한 교역 대상국이다. 두 강대국 간의 싸움은 언제든지 일상적인 경제적 삶이 영위되는 우리 영토 내부에서 치열하게 전개될 수 있으며, 싸움의 양상은 앞으로 더욱 강화될 가능성이 크다.

미·중 전략적 경쟁이 전방위 영역에서 이루어지는 상황 속에서 "안보는 미국, 경제는 중국"을 중시하는 '안미경중(安美經中)'의 입장은 오직 제한된 전략적 유용성만을 지닌다. 한국이 한미동맹을 강화하면 중국은 자신을 견제하기 위한 미국의 전략에 한국이 동참함으로써 자신의 핵심적인 이익이 침해당한다고 판단한다. 이는 사드 배치의 사례에서 보듯 경제보복의 단행으로 이어지기도 했다. 반면 우리가 미·중 사이의 '균형자' 역할을 모색하거나 중국과의 협력 관계를 강화하면 미국은 한국이 전통적인 한미동맹 관계를 약화시키고 중국으로 편향될 것을 의심한다. 안보를 위한 미국 선택이 경제를 위협하고 경제를 위한 중국 선택이 안보를 위태롭게 하는 딜레마에 놓인 한국에게 안보와 경제의 분리 같은 단순한 접근법만으로는 우리가 처한 위기를 타개하고 국익을 실현하는 데 한계가 있다. 거대한 변환기에 놓인 지역 및 국제 환경 속에서 한국은 외교 목표와 외교 원칙 그리고 이를 구현하기 위한 구체적이면서 거시적인 외교 전략을 수립해야 한다.

세계화된 경제 구조 속에서 한국은 미국과 중국 모두를 필요로 하며 어느 나라와도 반목할 이유가 없다. 우리의 국익 앞에서는 일방적 선택을 강요당해서도 안 된다. 한미동맹의 호혜적 발전과 더불어 중국과도 전략적 협력을 더 강화하여 진영의 갈등이 우리에게 긍정적 에너지로 전환될 수 있도록 만들어야 한다. 미국과 중국 모두 우리나라의 첨단 기업을 유치하려고 경쟁하는 상황을 활용하여 양국과 모두 경제 교류를 발전시켜 나가야 한다. 한국기업은 미국의 원천 기술과 중국의 소재에 의존하고 있기에 양국 모두와 협력이 필수적이다. 특정 국가를 겨냥한 배타적 성격의 제도 구축은 동아시아 지역에 불안정을 가속화하고 새로운 안보 딜레마를 촉발시켜 동아시아 안정과 평화를 저해할 것이다. 공정하고 포용적인 동아시아 질서는 개방적이고 포괄적인 다양한 역내 제도 창출을 촉진하여 동아시아의 안정과 공동번영에 기여할 것이다.

트럼프 2기 행정부의 등장은 경제안보의 중요성을 더욱 높일 것이다. 트럼프 행정부는 보호무역주의 강화, '대(對)중국' 견제, 에너지 정책의 변화 등을 예고하고 있다. 중국 수입품에 대한 고관세와 나머지 국가들에 대한 보편 관세 부과는 자유주의에 기반한 글로벌 경제체제의 격변을 초래할 것이고 한국의 대미 수출에도 직접적인 타격을 줄 수 있다. 중국을 견제하고 미국 중심의 에너지 공급망을 구축하려는 정책은 해외 자원 의존도가 높은 한국 경제에도 막대한 파급력을 미칠 것이다. 한국은 공급망 다변화, 기술 경쟁력 강화, 각국 및 지역 차원의 협력 확대를 통해 국제경제 체제의 급변으로 인한 충격을 최소화해야 한다. 이와 더불어 경제적 도전과 위기가 국가와 기업 차원에 미치는 피해뿐만 아니라 취약계층에게 미치는 영향도 함께 고려해야 한다. 경제외교를 통한 혜택과 경제안보를 통한 보호가 양극화의 취약계층에 속한 국민과 사회적 약자 등 서민층 국민에게 제공될 수 있도록 조치를 취해야 할 것이다.

한국의 경제 안보는 무엇을 어떻게 추구해야 하는가?

　지역 차원에서 안정과 번영을 위한 경제공동체를 구축하는 일이 필요하다. 분단 상황으로 인해 초래되는 안보 위협 속에서 우리의 국내적 역량을 키우는 것에는 한계가 있다. 한반도를 비롯한 동아시아 지역에서 우리가 주도적으로 경제공동체를 수립하는 것은 우리의 내부 역량이 뒷받침되어야 하지만 반대로 경제공동체 건설을 통해 우리의 역량이 강화될 수 있다. 이러한 선순환 구조는 글로벌 차원에서의 번영과 호혜를 실현하는 일과도 맞물려 있다. 동아시아 지역의 경제공동체는 국제적 차원의 협력공동체를 형성하는 기반이 됨과 동시에 이러한 협력공동체의 형성을 통해 동아시아의 경제공동체가 더욱 활성화될 수 있다.

　분단과 북한 안보문제로 단절된 남북한 경제협력이 효과를 발휘한다면 동아시아를 넘어 유라시아 전역을 아우르는 경제, 에너지, 유통과 무역망의 형성 그리고 궁극적으로는 번영과 안보 증진에 기여할 수 있다. 국가적 차원에서 강건한 대한민국을 만드는 일은 지역 차원에서 한반도 안보상황을 안정적으로 유지하고 글로벌 차원에서 선도하는 대한민국의 역할을 수행하는 일과 동시에 진행될 필요가 있다. 이와 관련하여 이재명은 "경제공동체를 만드는 것이 동북아의 갈등과 대결, 안보문제를 해결하는 토대가 될 수 있다. 안보공동체와 경제공동체는 선후의 문제가 아니라 동시에 진척될 필요가 있다 (2017.11.28).”고 천명하였다.

미·중 전략적 경쟁은 현재의 한국 경제에 영향을 주고 있으며 앞으로 더 큰 영향을 미칠 가능성이 크다. 세계는 경제적 효율성을 추구하며 더 낮은 생산 비용을 위해 하나의 완제품이 생산되기까지 수많은 공정들을 여러 국가들에 분산시키는 글로벌 가치 사슬망을 형성해 왔다. 문제는 중국 경제가 성장하며 중국이 세계의 공장 역할을 담당하게 되었고, 글로벌 가치 사슬망에서 중국이 차지하는 비중이 높아졌다는 점이다. 중국을 견제하고자 하는 미국으로서는 중국에 대한 경제적 의존도를 낮추고 믿을 수 있는 동맹국들로 생산 기지를 옮기거나 자국의 일자리 창출을 위해 아예 자국으로 공장을 옮기는 미·중 사이 '탈동조화(decoupling)'를 추구해 왔다.

미국은 중국과의 '탈동조화'를 위해 다양한 압력을 중국뿐만 아니라 한국, 일본, 대만 등과 같은 자국의 동맹국들에 대해서도 가하고 있다. 특히 반도체와 전기 배터리 산업 부문은 미·중 경쟁으로 인해 한국이 가장 많은 영향을 받는 분야이다. 미래 산업을 위해 반도체 분야에 대한 집중 투자를 통해 '반도체 굴기'를 지향하는 중국을 견제하기 위해 미국은 반도체 생산 장비의 독점적인 특허권을 이용해 일정 수준 이상의 반도체 장비를 중국으로 반입하는 것을 제한하는 등의 조치를 취하고 있다. 또한 자국의 반도체와 배터리 산업 생산을 늘리기 위해 막대한 보조금을 자국 내 공장을 지닌 기업들에게 제공할 계획을 진행하고 있다. 이는 한국이 중국 시장이 아닌 미국 시장을 보다 중요시해야 하고 미국에 대한 투자를 늘려야 하는 부담으로 작용하고 있다.

한국기업의 입장에서 세계 최대의 시장이라 할 수 있는 중국 시장을 미·중 경쟁이라는 정치적인 이유로 쉽게 포기할 수는 없다. 그러나 향후 미·중 경쟁이 양국 간 경제 및 무역전쟁으로 치닫는 상황에 대비하여 중국 내 생산과 투자를 보다 다각화할 필요가 있다. 미국이 안정적인 동맹국들 위주로 글로벌 가치 사슬을 재편성하고자 하기에 미국을 비롯한 동맹국들과의 공동 연구와 투자 등 협력 방안을 모색하여 위기 상황에 대한 선제적 대비 노력이 필요하다. 또한 국민을 위한 경제외교를 바탕으로 경제침체와 양극화로 고통받는 국민을 배려하고 국민의 일상적인 삶과 성장에 기여할 수 있는 경제안보 정책을 추진할 필요가 있다. 이재명은 외교안보 정책이 경제적 어려움으로 고통받는 국민에게 실질적인 혜택을 제공해야 하기 때문에, 대한민국이 국익, 성장, 번영, 행복을 동시에 추구해야 하는 상황에 직면해 있다고 믿는다..

이재명의 외교·안보는 왜 동남아와 아세안에 관심을 기울이는가?

한국 외교의 범주를 한반도와 동아시아 지역을 넘어 타 지역과 글로벌 영역으로 확장하는 일은 우리의 국익과 깊이 관련되어 있다. 한국 경제는 무역, 투자, 에너지 수입, 곡물 자급 측면에서 매우 높은 대외 의존도를 지니고 있다. 이는 우리의 국익과 번영이 세계 경제의 번영과 깊이 결부되어 있음을 의미한다. 타지역에서 발생하는 분쟁, 핵확산, 테러, 기후변화, 팬데믹 등 경제·통상 활동에 대한 위협은 곧바로 우리의 국익에 영향을 미친다. 안정적인 세계 경제와 에너지 수급 등을 위해 우리 외교의 공간은 한반도와 동아시아를 넘어 시베리아, 중앙아시아, 동남아시아, 남아시아, 중동, 유럽과 아메리카 등 전 지구적 영역으로 확대될 필요가 있다.

이러한 측면에서 과거 문재인 정부에서 추진되었던 신북방정책과 신남방정책 등 타 지역과의 연결성을 지향하는 간지역, 초지역적 외교정책은 글로벌 선도국가 외교 전략과 경제안보 정책의 일환으로 확대 발전될 필요가 있다. 다양한 지역과의 협력 구축과 국제적 연대의 도모는 한반도에서 벌어지는 강대국 정치의 위험을 분산시켜 평화와 번영을 위한 지역 및 글로벌 차원의 국제 환경을 촉진할 뿐만 아니라 불확실하고 유동

적인 경제 안보 환경 속에서 유연하고 안정적인 경제적 토대를 구축하여 우리의 국익 증진에 기여할 수 있다

특히 아세안(ASEAN)을 통해 개별 국가들의 대내외 안보와 경제 문제 해결을 지역 차원의 협력을 통해 추구함과 동시에 미국, 중국, 일본, 러시아 등 역외 강대국들을 활용하는 전략을 취하며 진화해 온 동남아시아는 우리 외교의 주요 대상이자 협력의 파트너로서 중요한 의미를 지닌다. 아세안은 역내 국가들의 주권 존중이라는 대내적 원칙을 유지하고 아세안 중심성을 내세움으로써 약소국 연합체로서의 한계를 극복하고 내적 통합성과 외연의 확대를 도모해 나갔고, 이러한 전략적 진화 과정은 한국 외교가 강대국을 상대하며 자국 중심주의를 유지함과 동시에 역내와 역외 협력을 통해 국익을 실현하는 데 정책적 함의와 현실적 협력 구축의 가능성을 제공하고 있다.

한국은 이미 동남아와 아세안과 다방면의 연결성을 지니고 있다. 한국은 아세안과 함께 아세안+3(APT), 동아시아 정상회의(EAS: East Asia Summit), 아세안지역안보포럼(ARF: ASEAN Regional Forum) 등에 참여하며 동남아 국가들과 다자외교 무대에서 협력하고 있다. 동남아는 우리의 주요 투자 대상국이며, 교역 관계 역시 증대되고 있다. 동남아는 한류가 대중적인 인기를 끌고 있는 대표적인 지역이며, 유학생과 관광객 등한국 방문자의 숫자도 증가하고 있다. 동남아는 또한 한국의 다문화 사회의 중요한 구성원이다. 아세안 회원국 수만 10개국이며, 많은 인구와 풍부한 자원을 지닌 동남아와의 관계 증진은 한국의 글로벌 선도국가의 리더십이 저변을 확대하고, 경제안보와 소프트파워의 역량을 구축하고,

국내적 차원의 다양성과 통합성을 강화하여 호소력 있는 외교의 대내외적 기반을 다지는 데 크게 기여할 것이다.

우리는 왜 사이버 안보, 테러, 기후 변화 등 비전통 안보 이슈에 관심을 가져야 하는가?

전통적인 안보 이슈는 다른 국가 또는 국가들의 침략으로부터 자국을 지켜내는 것에 집중되어 있었다. 이는 안보의 주체, 대상, 원인에 국가를 중심에 놓는 관점을 반영한다. 사람들의 생존을 위해서는 국가의 생존이 중요하고, 국가의 생존을 위협하는 것은 외부에 존재하는 타국의 군사적 침략이며, 이를 물리쳐 국민과 국가의 생존을 지켜내는 것 역시 국가라는 생각이다.

오랜 기간 국제정치의 주요 행위자가 국가였고 국제정치는 주권 국가들 사이의 상호작용으로 특징되어 왔기에 이러한 전통적인 안보 관점은 유효했다. 그러나 탈냉전 이후 전쟁의 양상은 국가 간 전쟁이 아니라 국가 내부에서 발생하는 내전이 보다 빈번한 전쟁 형태로 전개되어 갔다. 이는 안보 문제가 국경선 바깥의 다른 국가가 아니라 국가 내부의 서로 다른 집단들 사이의 무력 사용에 의해 초래됨을 의미한다. 이러한 내전은 주변국으로 확산하기도 하고, 난민 문제를 초래하여 국제적인 이슈로 부각하기도 하며, 내전의 혼란한 상황은 테러 집단을 비롯한 다양한 범죄 조직들이 활동할 수 있는 여건을 조성하기도 한다.

2001년 미국에서 발생한 9·11 테러 이후 국제 안보는 전통적인 국가 간 분쟁, 국가 내부의 내전을 넘어 테러, 사이버 안보, 기후 변화 등 비전통 안보 이슈가 본격적으로 국제정치의 주요 문세로 제기되는 상황에 직면해 있다. 테러는 명확한 영토적 실체를 갖고 있지 않고 네트워크로 연결된 집단에 의해 은밀한 방식으로 동시다발적으로 전개되는 특징을 지닌다. 따라서 언제 어디에서 테러가 발생할지 예측하기 어렵고 위협의 근거지를 소탕하는 것도 쉽지 않다. 국민의 입장에서도 언제든 자신들의 평화로운 일상이 테러에 의한 폭력 사용으로 위협받고 파괴될지 모르는 공포 속에 살아가야 한다. 심리적인 공포가 활용된다는 점에서 테러는 전통적인 안보 이슈 못지않게 심각한 위협을 사람들에게 가한다.

사이버 안보와 기후 변화 문제 역시 국가 차원뿐만 아니라 우리의 일상적인 삶의 영위 문제와도 관련이 있다. 외적 또는 범죄 집단에 의한 해킹 등 사이버 공격은 국가의 군사 능력을 비롯한 핵심적인 국가 기능을 위협할 수 있다. 핵무기를 비롯한 핵심적인 군사 자산이 사이버 공격으로 통제 및 사용권이 탈취당하거나 사용 불능 상황이 된다면, 국가의 군사 능력은 심각하게 제약이 되고 안보 취약 상황에 빠지게 될 것이다. 민간 부문도 마찬가지로 사이버 공격에 의해 기업과 국가 차원의 경제가 심각한 위기 상황에 직면할 수 있다. 테러와 마찬가지로 사이버 공격은 국가 조직뿐만 아니라 우리의 일상적인 삶이 공격의 대상과 전장이 될 수 있다는 점에서 개인과 국가 차원의 안보 문제와 밀접한 관련을 맺고 있다.

- 최경준

기후 변화는 왜 안보 이슈인가?

　기후 변화는 국가 간의 물리적인 충돌과 군사 위협과 관련된 전통적인 안보 이슈임과 동시에 인간 그 자체를 단위로 놓고 인간의 생존과 행복 및 권리를 위협하는 요인으로부터의 보호와 관련된 인간 안보 차원에서도 중요한 이슈이다. 기후 변화로 초래된 현상들이 국가들 사이의 군사적 충돌 및 갈등을 야기할 뿐만 아니라 인간 자체의 존립과 행복을 위협할 수 있는 결과를 초래한다는 의미이다. 국가들이 갈등과 전쟁을 벌이는 이유는 희소하면서 가치 있는 자원을 차지하기 위해서인 경우가 일반적이다. 기후 변화는 바로 가치 있는 자원의 존재 상태에 영향을 미쳐 국가 간 갈등을 초래할 수 있다.

　가장 대표적인 것이 물과 식량이다. 기후 변화로 인해 홍수와 가뭄이 보다 빈번하고 강력하게 발생하게 된다. 이들 지역은 효과적인 물의 관리를 위해 다양한 규모와 형태의 댐을 건설하게 되는데, 문제는 여러 국가를 통과하는 강이나 하천의 경우 특정 지역에서의 댐 건설이 다른 지역의 물에 대한 접근권을 침해하게 된다는 점이다. 상류지역 국가가 댐을 건설해서 물을 가둬 놓게 되면 하류 지역 국가들은 이용할 수 있는 물이 적어져 생존이 어렵게 된다. 식량 문제도 마찬가지이다. 기후 변화로 인해 특정 국가에서 더 이상 농업을 통한 식량 생산이 어렵게 되면 다른 국가들에 대한 침략을 통해 식량 생산이 가능한 경작지를 차지해야 할 유인 동기가 커지게 된다. 기후 변화로 초래된 이러한 상황은 국가 간 분쟁과 전쟁으로까지 이어질 수 있다.

기후 변화로 인해 초래되는 영토와 바다의 가치 변화 문제도 안보 문제를 야기할 수 있다. 눈에 덮여 있어 농사나 거주 환경에 맞지 않아 오랫동안 중요성을 지니지 못했던 땅이 기후 변화로 그 가치가 커지는 경우 국가 간 분쟁의 대상으로 떠오를 수 있다. 또한 북극의 얼음이 녹으며 배가 다닐 수 있는 수로로서의 가치가 높아지면서 바다에 대한 영유권을 둘러싼 국가 간 갈등도 발생할 수 있다.

안보적 측면에서 기후 변화는 국가와 국가 사이의 안보 문제뿐만 아니라 근본적으로 인간의 삶과 생존을 위협하는 요인이다. 사막화 또는 해수면 상승 등으로 사람들의 삶의 터전 그 자체가 사라질 수 있다. 기후 변화가 야기하는 자연재해는 인간의 생명 자체를 위협한다. 새로운 바이러스의 출현으로 인한 보건 위기는 사람들의 생명을 위협할 뿐만 아니라 감염된 특정 집단과 종족 또는 국가에 대한 차별과 배타심을 촉발하여 공동체 파괴와 인간에 대한 존중을 침해할 수 있다. 전통적인 안보 문제와 인간 안보라는 비전통 안보 문제에 모두 결부되어 있는 기후 변화 문제는 한 국가만의 노력으로 해결될 수 없기에 국제적 차원의 협력 노력이 절실히 필요하다.

- 최경준

'우주안보'는 무엇이고 왜 중요한가?

　'우주안보'라고 하면 영화 스타워즈를 상상하게 된다. 영화에서처럼 우주를 날아다니는 전투기를 타고 외계인들과 전쟁을 하는 상상을 한다. 언젠가 아주 먼 미래에 그런 일이 현실이 될 수도 있다. 그러나 현재 우주안보는 그런 공상과학 영화의 수준은 아니다. 우주안보란 현재 지상에서 벌어지고 있는 안보 상황을 통제하기 위해서 우주공간을 활용하는 것과 관련된다.

　우주안보는 우리가 생각하는 우주공간에서 안전의 문제를 보장하기 위한 개념이 아니다. 우주가 안보의 영역에서 고려대상이 된 것은 인공위성 때문이다. 그 이전까지 우주 공간은 탐사를 위한 과학기술의 영역이었다. 그러다 로켓 기술이 발전하면서 많은 인공위성이 지구를 감시하기 위해서 쏘아 올려졌다. 우주공간에서 지상을 감시하는 것은 적의 군사적 움직임을 사전에 포착해서 대응 속도와 능력을 향상하는 이점이 있다. 그래서 더 많은 인공위성이 군사적 목적으로 배치되었다.

　미사일 기술이 고도로 발달한 현재 국제 안보 환경에서 인공위성의 중요성은 간과할 수 없는 것이다. 우리가 흔히 ICBM이라고 부르는 대륙간 탄도미사일은 핵탄두를 장착한 미사일을 우주공간으로 쏘아 올렸다가 지상으로 투하하는 방식을 사용하는데, 이때 지상으로 재진입하는 미사일의 속도는 음속의 20배로 우리의 상상을 초월한다. 최근에는 이러한 탄두미사일 외에도 소위 극초음속 미사일이라는 것이 개발되어 실전 배치가 시작되고 있다. 이것은 비행기처럼 수평으로 활공하는 순항미사일이지만 역시 최고속도가 마하20에 이른다. 이러한 미사일의 속도는 우리가 아무리 좋은 요격시스템을 갖추고 있더라도 방어하기가 쉽지 않다. 따라서 이러한 첨단 미사일을 방어하기 위해서 대응에 더 많은 시간을 확보할 필요가 있는데, 이때 인공위성의 효용이 있는 것이다. 적의 미사일이 발사된 후에 이를 탐지하여 대응하면 우리의 요격미사일이 충분히 대응할 시간이 부족하다. 인공위성이 적이 미사일을 발사하기 전에 미리 움직임을 포착한다면 그만큼 우리가 대응할 수 있는 시간을 더 버는 셈이다.

차가 다니기 위해 도로를 건설하지만, 도로를 정비하기 위해 또 다른 인력과 장비가 필요한 것처럼, 지상의 안보를 위해서 군사위성을 발사하지만, 군사위성을 보호하고 타국의 군사위성으로부터 우리를 보호하기 위해 추가적인 조치가 필요하다. 따라서 우주안보의 개념도 이제는 우주공간에 존재하는 우리의 전략자산을 보호하고, 타국의 인공위성으로부터 우리를 보호하는 것까지 확대되고 있다. 더 나아가 우주공간에서 인공위성 간의 충돌 방지와 인공위성으로부터 파생된 우주쓰레기로부터 인공위성을 보호하는 등의 문제도 우주안보의 개념에 포함될 수 있다.

- 정한범

재외동포 및 해외 거주 한국인들은 국가의 도움을 충분히 받고 있는가?

　한국의 재외동포 숫자는 무려 약 700만 명에 달한다. 남북한 전체를 합친 한민족의 해외 거주 비율은 9% 이상으로, 비슷한 경험을 가진 이스라엘과 이탈리아, 아일랜드와 비교해도 매우 높은 순위를 나타내고 있다. 그 원인으로 20세기 이후 식민지와 한국전쟁, 개발독재를 거치면서 발생한 강제적이거나 자발적인 이주 흔적을 들 수 있다. 또한 21세기 글로벌 사회에서 유학이나 사업, 이민 등을 통해 재외동포는 더욱 증가하였다.

　재외동포는 대한민국 국적을 보유하고 해외 체류 중인 재외국민과, 대한민국 국적이 없지만 우리 민족의 일원인 외국 국적 동포로 구성된다. 2023년도 기준 재외동포 현황을 살펴보면, 전 세계 180개 국가에 약 708만 명이 거주하고 있는 것으로 나타났다. 지역별로 살펴보면, 미국이 가장 많은 262만 명, 두 번째로 중국이 211만 명, 일본 80만 명, 유럽 65만 명, 캐나다 25만 명, 중남미 10만 명, 아프리카 1만 명 순서로 되어 있다. 미국은 이민과 유학생이 많은 반면, 중국은 구한말 이후 간도로 이주한 경우가 많으며, 일본은 노동 이민이나 강제 징용을 통해서 다수 한국민이 이주하게 되었다.

한국 정부의 재외동포 정책은 냉전기 반(反)공산권 대책의 일환으로서 해외 교민단체를 관리하거나 1970년대 경제성장기 해외 동포의 국내 투자와 지원을 기대하는 수준에서 벗어나지 못했다. 1995년 세계화 선언 이후 재외동포에 대한 정책 수립이 적극적으로 검토되었고, 1997년 외환위기를 거치면서 재외동포의 국내 투자를 촉진하고자 다양한 방안이 제시되었다.

한국 정부는 1999년 2월 재외동포의 출입국과 법적 지위에 관한 법률을 제정한 데 이어 2023년 6월 재외동포청을 설치하였는바, 재외동포의 든든한 울타리이자 대변인으로서 역할을 수행해나가고 있다. 주요 업무 목표로 재외동포 의견 수렴과 기본계획 수립, 재외동포 정체성 함양, 재외동포 거주국에서의 지위 향상, 재외동포와 모국 간 교류협력 강화, 글로벌 네트워크 구축, 국내 체류 동포 지원, 민원 서비스 등을 포함하고 있다. 그러나 재외동포청의 2024년도 예산은 1,067억 원으로 정부예산의 0.016% 수준에 머물러 있다. 대한민국 총인구의 14%를 차지하는 재외동포에게 너무나 적은 예산이며, "재외동포도 대한민국 국민이다"라는 한인회장들의 반발이 있을 정도이다.

국제 사회에서 글로벌 네트워크와 공공외교에 기여하는 점에서 재외동포의 중요성은 두말할 나위가 없다. 유태인들의 세계적인 연대와 협력이 조국 이스라엘을 강고하게 지키는 중요한 버팀목인 점이나, 중국 화교들이 해외에서 핵심적인 경제주체이면서 모국인 '대(對)중국' 투자를 주도하는 중요한 인적 자원임은 분명하다. 한민족은 단일민족으로서 민족 정체성이 뚜렷하고 최근 한국 국가 위상의 제고, 세계적인 한류 붐, 해외 교민들에 대한 지원, 한상들의 국내 투자, 재외동포 네트워크 구축, 해외 교민의 공공외교 활동이 두드러지면서 더욱 적극적인 재외동포 정책을 추진할 필요성이 제기되고 있다.

앞으로 재외동포 정책으로 다음과 같은 사항을 전제로 구체적인 정책 입안을 추진해 가야 할 것이다. 첫째, 열린 공동체로서 한민족에 대한 자부심을 키우기 위한 정체성 확립, 미래 세대에 대한 적극적인 지원과 투자, 한국 문화의 세계화에서 가교역할 등을 더욱 제고하는 것이다. 둘째, 정치와 경제, 문화에 이르기까지 해외 한인 네트워크가 가지고 있는 인프라를 제대로 활용하여 국익중심 외교에 기여할 수 있는 자원으로서 활용해야 한다. 세계한상대회는 물론 해외 정치문화 리더를 발굴하여 글로벌 네트워크를 구축하고, 교민 간 화합과 협력을 유도해야 한다. 셋째, 현재 예산의 책정 기준을 개선하여 국제 사회에서 한국 문화의 거점이자 공공외교 차원에서 예산액을 크게 늘려야 한다. 재외동포청은 충분하고 필요한 예산을 확보하여 해외 교민과 차세대 육성을 위한 지원체계를 재구축해야 할 것이다.

- 양기호

<미래안보연구회 회원 약력 및 프로필>

■ 정한범

미래안보포럼 대표. 차기 한국국제정치학회 회장. 청와대 국가안보실 정책자문위원, 국가우주위원회 안보우주개발위원, 민주평화통일자문회의 상임위원, 한국국방우주학회 회장 등을 역임하였다. 미국 Univ. of Kentucky 정치학 박사로 동아시아 국제정치, 한미동맹, 핵과 국제정치, 국방우주 등을 연구하고 강의하고 있다. 『KJIS』, 『국가안보와 전략』, 『군사연구』, 『전쟁과 박물』 등의 편집위원을 역임했다. 『The Oxford Handbook of Space Security (Oxford Univ. Press)』, 『The United Nations, Indo-Pacific and Korean Peninsula (Routledge Press)』, 『국가안보론』, 『국제관계학: 인간과 세계 그리고 정치』, 『전쟁론』, 『미중러 전략경쟁과 우크라이나 전쟁』, 『군인과 국가』 등의 저역서가 있다.

■ 양기호

성공회대학교 인문융합자율학부 일본학전공 교수. 주고베대한민국 총영사, 미국 듀크대학 방문교수, 외교부 정책자문위원, 청와대 국가안보실 자문위원, 대통령직속 정책기획위원회 위원 등을 역임한 바 있다. 연세대학교 정치외교학과와 동 대학원을 졸업하고 일본 게이오대학에서 정치학박사 학위를 수여받았다. 전공분야는 한일관계, 일본정치이며, [문재인정부와 한일관계](2024년) 등을 비롯한 다수 저서와 논문이 있다.

■ 박종철

경상국립대 사회교육학과 교수, 베이징대학 한반도연구센터 객좌연구위원, (전) 미국 조지메이슨대학 글로벌학과 방문학자, (전) 제20대 더불어민주당 이재명 대통령선거위원회 안보상황실 부실장 겸 외교특보단 공동단장, (전) 경기도 평화정책자문위원회 자문위원, (전) 경기연구원 객원연구위원 등 역임했음. 이재명의 외교안보를 읽는다(공저), 이재명론(공저), 공정한 국제질서와 한반도의 지속가능한 평화(공저) 등 다수 학술 저서와 논문이 있다.

■ 이재훈

미래안보포럼 회원, 정치학 박사, 현재 동아시아 정세 전반에 걸쳐 연구 및 교육활동을 하고 있다.

■ 최경준

건국대학교 정치외교학과 조교수. 서울대학교 외교학과를 졸업하고, 미국 워싱턴대학교

(University of Washington, Seattle)에서 정치학 박사학위를 받았다. 주요 연구 분야는 지역통합, 경제안보, 동아시아 국제관계, 동남아 지역질서 등이며, 안보와 경제 복합, 국내정치와 국제정치의 연계성, 강대국 갈등과 외교정책, 동아시아 및 동남아 국제관계 등에 대한 논문들을 발표해 왔다.

■ 유영민

미래안보포럼 간사. 정치학 박사. 현재 미국 대외정책, 동북아 정세, 한미 관계, 북미 관계 등을 중심으로 연구 및 교육 활동을 하고 있다.

■ 최용섭

선문대학교 글로벌자유전공학부 교수. 고려대학교 서양사학과를 졸업하고, 연세대학교 국제학대학원에서 석사 학위를 받은 후, 영국 워릭대학교(University of Warwick)에서 국제정치학 박사 학위를 취득했다. 주요 연구 분야는 남북관계, 남북한 국제정치경제, 동북아 국제관계 및 그람시 이론이며, The Pacific Review, Contemporary Security Policy, Third World Quarterly 등 다수의 유명 국제 학술지에 논문을 게재했다.

■ 박영림

대외경제정책연구원(KIEP) 연구위원. KIEP에서 중국팀(경제안보팀 겸직)을 거쳐 현재는 일본 동아시아팀의 팀장을 맡고 있다. (전) 일본 리츠메이칸(立命館)대학교 JSPS 연구원, (전) 민족21 기자 등을 역임했다. 중국인민대학교에서 정치학 박사학위를 받았고, 일본 도시샤(同志社)대학에서 미디어학 석사, 세종대에서 경제학 학사 학위를 취득했다. 주요 연구영역은 동아시아 지역연구이며, 특히, 미디어와 네트워크 이론을 통한 국제관계 분석 및 경제안보 이슈에 관심을 가지고 있다. 최근의 주요 저서로는 <국제사회의 중국 담론에 대한 분석과 시사점>(공저) <미중 전략경쟁 시기의 대만 문제와 한국의 경제안보>(단저), <홍콩의 경제사회 변화에 대한 평가 및 시사점>(공저), <일본 중의원 선거 이후 이시바 내각의 경제정책 전망>(현안 자료, 공저) 등이 있다.

■ 전수미

숭실대학교 평화통일연구원 교수·변호사. 연세대학교 정치외교학과를 졸업하고, 동 대학원에서 국제정치학 박사학위를 취득했다. 대통령직속 북방경제협력위원회 전문위원, 통일부·법무부 자문위원 등을 역임했으며, 미국 하원 톰 랜토스 인권위원회 증인으로 출석했다. 연구분야는 통일, 국제인권, 인간안보이며, The Korean Journal of Defense Analysis 등 다수의 학술지 등에 논문을 게재했다.